Diario Emprendedor

Joshua A. Aguilar

AGUILAR

AGUILAR®

De esta edición: abril de 2014.
D. R. © Santillana Ediciones Generales, S.A. de C.V.
Av. Río Mixcoac 274, Col. Acacias.
México, 03240, D.F. Teléfono (55) 54 20 75 30
www.librosaguilar.com/mx
t: @AguilarMexico
f: /aguilarmexico

Diseño de cubierta: Joshua A. Aguilar
Primera edición: abril de 2014
ISBN: 978-607-11-3169-0

Impreso en México

PRISA EDICIONES

Este libro está dedicado a todos aquellos emprendedores que se han atrevido a luchar por sus más grandes sueños

PARA EMPRESARIOS:

Si eres propietario de un negocio o estás en el proceso de crear una nueva empresa, compra un ejemplar de este libro para todos los integrantes de tu equipo y comparte con ellos las lecciones aprendidas en él. De esta manera todos estarán trabajando con objetivos comunes y los resultados serán mucho más rápidos de lo imaginado.

PARA SOÑADORES:

Si tienes un sueño y no estás seguro de si serás capaz de llevarlo a cabo, si tienes un amigo o familiar que está intentando alcanzar sus metas pero necesita un empujón, este puede ser tu libro. Tú o esa persona tan importante para ti podrán llegar muy lejos. Si te lo regalas estarás dando el primer paso hacia tus objetivos: estarás apostando e invirtiendo en tu mejor activo, en ti. Si se lo regalas a alguien no sólo le estarás ayudando a conquistar sus ilusiones sino que estarás poniendo en práctica el poder de la generosidad en tu vida.

Índice

Introducción

Tu Diario emprendedor

Los emprendedores abren nuevos caminos, empiezan donde están, son autodidactas, asumen riesgos; mientras los demás retroceden ellos avanzan, el miedo no los detiene, sino que los motiva a seguir adelante. Sus vidas están controladas por la ilusión de dejar una huella y hacer de este mundo un lugar mejor, ellos hacen lo que los demás desearían hacer pero no se atreven.

Este libro trata de cómo alcanzar tus más grandes sueños, sobre los emprendedores y lo que los hace diferentes y está dirigido tanto a quienes ya han iniciado el camino como a quienes les gustaría llegar a hacerlo. *Diario emprendedor* se estructura en 30 capítulos, de modo que cada uno sea una reflexión diaria durante un mes; mientras lo lees tendrás la oportunidad de dejar por escrito tus pensamientos y reflexiones en la sección «Diario personal».

Este libro es una herramienta que te ayudará a iniciar un proceso de crecimiento y desarrollo personal que requerirá de mucho esfuerzo y paciencia pero que, al final, cambiará tu vida radicalmente. No volverás a ser el mismo una vez que lo hayas leído. Quiero hacer énfasis en la palabra «proceso» porque los procesos son transformaciones que exigen tiempo y esfuerzo. A medida que vayas avanzando en la lectura, te darás cuenta de que el éxito no se conquista de la noche a la mañana, que no existen recetas ni atajos mágicos, tan sólo necesitas esfuerzo y disciplina. Te darás cuenta de que el triunfo es una recompensa que está reservada para las personas que aprenden a persistir en la búsqueda de sus deseos, y que sí, sí es posible llegar ahí.

Llegar a la cima de tus sueños será como escalar una montaña, alta y empinada: encontrarás muchos obstáculos en el camino que te frenarán y probablemente tropieces y te despeñes varias veces en la subida. Esos obstáculos representan esos viejos hábitos que no te han permitido crecer, pero, a medida que vayas aprendiendo y desarrollando nuevos principios en tu vida, irás avanzando hasta llegar a la cima. A lo largo del camino sentirás nuevas emociones de altura que no habías experimentado antes, de niveles más y más altos de felicidad, y tu visión una vez que hayas llegado a la cumbre será mucho más amplia y efectiva.

Hace unos años, cuando empezaba a escribir este libro, me vi abocado a la bancarrota económica y sin un lugar donde dormir. Entonces tenía 22 años, pero los principios y valores que he descrito en este libro permitieron que pudiera enfrentar mis adversidades y continuar creciendo. Estoy totalmente seguro de que esos mismos valores que están plasmados en este libro transformarán tu vida radicalmente.

Es curioso pero muchas veces vemos el éxito de una manera superficial, del mismo modo que vemos un iceberg. Sin embargo, si nos fijamos bien y miramos bajo el agua helada, nos damos cuenta de que sólo veíamos la punta de una enorme mole de hielo. Pasa lo mismo con las personas exitosas: ellos trabajan todo eso que no se ve, pero está ahí.

Del mismo modo, este libro trabajará sobre esa gran masa: trabajará sobre tu carácter, tu perspectiva, tus hábitos, tus principios y los valores que te convertirán en un emprendedor exitoso. El famoso escritor y conferenciante Charlie «el formidable» Jones lo dijo así: «La diferencia entre la persona que eres hoy y la que serás en cinco años radica en la gente con la que pases el tiempo y los libros que leas».

Puedo garantizarte que no será fácil alcanzar tus sueños, pero del mismo modo puedo asegurarte que, si aplicas los principios proporcionados en este libro, no sólo darás en el objetivo de tus sueños, metas y negocios de forma consistente, sino que también excederás por mucho los resultados que esperas tener.

Antes de empezar

«El único lugar donde el "éxito" aparece antes
que el "trabajo" es en el diccionario».
Vidal Sassoon

ENCUENTRA TU TESORO

Las fábulas de Esopo eran mis favoritas cuando era
pequeño. Mi padre solía contarnos a mi hermano
y a mí una antes de ir a dormir. Hay una en especial
sobre un labrador y sus hijos que he recordado
siempre.

Dice así:

A punto de acabar su vida, quiso un labrador dejar
experimentados a sus hijos en la agricultura. Así, los
llamó y les dijo:

—Hijos míos, voy a dejar este mundo. Busquen lo
que he escondido en la viña y lo hallarán todo.

Creyendo sus descendientes que había enterrado un tesoro, después de la muerte de su padre removieron con gran afán el suelo de la viña y, aunque no hallaron tesoro alguno, la viña quedó tan bien removida que multiplicó sus frutos.

Mi padre concluyó la fábula diciendo: «Si buscas un tesoro, ponte a trabajar».

Muchas personas intentan encontrar sus tesoros evitando trabajar duro y esto, lejos de ayudarles, les aleja de sus objetivos. No se dan cuenta de que al evitar el esfuerzo evitan la recompensa.

Un tesoro lleno de riqueza

El objetivo de *Diario emprendedor* es sacar lo mejor de ti para los demás. Con él aprenderás a preguntarte por qué quieres conseguir un objetivo antes de plantearte cómo hacerlo.

El porqué siempre debe ser lo más importante para cualquier emprendedor, porque es el punto de partida y lo que te permitirá entender qué te motiva a seguir tus deseos: si realmente son razones convincentes, estarás preparado para conseguirlos, y si son un simple capricho, estarás en condiciones de replantearte tus metas.

A medida que vayas avanzando en los capítulos aprenderás qué significa realmente para un emprendedor ser rico y pobre y por qué es importante que escojas ser rico. Al pasar las páginas de tu *Diario emprendedor* estarás removiendo la tierra en busca de tu tesoro y, cuando menos te lo esperes, verás cómo todo ese trabajo duro te habrá conducido a descubrir esa recompensa de posibilidades que siempre ha estado ahí pero no veías.

—*Quiero crear una empresa —le dije a Luis mientras estudiábamos en la biblioteca de la universidad.*

—*¿Qué dices, amigo? Ponte a estudiar, que mañana tenemos el examen más difícil de todos —me contestó, y luego volvió la mirada hacia su libro.*

—*Es que tengo una buena idea. Esta vez sí que es una buena idea —insistí.*

Luis retiró los ojos del libro y me contestó:

—*¿De qué sirven las buenas ideas si no tienes dinero? Creo que es prácticamente imposible que consigas dinero para tu proyecto. Ya sabes, los bancos no prestan dinero.*

—*¿Dinero? El dinero es lo de menos; es más, no lo necesito por ahora. Ya lo conseguiré cuando haga falta, y seguro que no es tan difícil conseguirlo —le dije.*

> —Está bien, inténtalo, pero recuerda mis palabras cuando falles: ¡Te lo dije!

La universidad ya ha quedado atrás y Luis aún no ha podido decirme: «¡Te lo dije!». Su actitud negativa no le permitió ver más allá y extender su visión.

Lo cierto es que si pretendes tener la aprobación de los demás, es probable que nunca des ningún paso hacia adelante.

SALTANDO ALTO

Un grupo de ranas viajaba por el bosque cuando, de repente, una de ellas cayó en un pozo profundo. Las demás se reunieron alrededor del agujero y, cuando vieron lo hondo que era, le dijeron que a efectos prácticos podía darse por muerta. Sin embargo, ella siguió tratando de salir del hoyo con todas sus fuerzas. Las otras le decían que los esfuerzos serían inútiles, pero la ranita continuó saltando con tanta energía como le era posible. La multitud le gritaba que era inútil pero la ranita seguía saltando, cada vez con más fuerza, hasta que finalmente salió del hoyo. Cuando estuvo fuera las otras le preguntaron si escuchaba lo que le gritaban y la ranita les explicó que era sorda, y creía que las demás la estaban animando a esforzarse más y más desde el borde.

Si yo hubiera escuchado a las ranitas que me gritaban que era inútil, que no lo intentara, jamás estarías leyendo este libro. Si quieres conseguir tus sueños necesitas relacionarte con personas optimistas, con metas, que se esfuerzan, que quieren ser mejores cada día. No existe una forma más eficaz para crecer que tener amigos así. De quién te rodeas y qué escuchas influirá en tus resultados. Y si por el camino te encuentras con un pesimista, ya sabes: ¡vacúnalo con este libro!

APRENDE A ESCUCHAR

La primera década del siglo xxi ha sido especialmente dura en cuanto a lo económico se refiere para muchas familias. Cada día los pobres son más pobres y los ricos son más ricos, mientras que la clase media se reparte en uno de los dos bandos y corre el peligro de extinguirse. Pero debes ser consciente de que las crisis económicas no son nuevas; tus padres, abuelos y antepasados vivieron tiempos aún más difíciles, de modo que tú llevas dentro un código de campeón que, si haces uso de él, te permitirá salir victorioso de tus adversidades.

Aunque es evidente que existe una crisis económica, hay una mucho peor que está afectando a miles de personas en el mundo: la crisis del pesimismo. Este libro pretende ser un instrumento útil para los optimistas y una vacuna para los pesimistas. Aquellos que deseen llegar a ver sus sueños cumplidos deben adquirir la capacidad de escuchar las palabras correctas, las que edifican y construyen. Es curioso, pero, cuando decides cambiar tu realidad, por arte de magia aparecen personas que nunca han hecho nada en sus vidas queriendo darte sus pésimos consejos; seguir sus consejos puede salirte muy caro. Te recomiendo que aprendas a escuchar los consejos de las personas que ya han vivido lo que tú quieres vivir. Recuerda: aunque el mundo, los medios de comunicación e incluso tus amigos te pinten un panorama terrible, sé como la ranita intrépida, sordo a palabras necias.

ENCUENTRA TU PASIÓN

Algunas personas dentro del mundo empresarial se preguntan si los emprendedores nacen o se hacen. ¡Por supuesto que nacen! Si no es así, no se me ocurre otra manera de cómo llegaron a la tierra. Lo cierto es que todo el mundo puede hacerlo, todos podemos ser emprendedores. De la misma manera que aprendiste a leer y a escribir, puedes también aprender a usar las habilidades que necesitas para poner en marcha tus ideas.

El primer paso que necesitas dar para convertirte en un buen emprendedor es determinar cuál es tu pasión. Las personas que quieren ser felices necesitan encontrar lo que realmente les gusta hacer y las hace vibrar por dentro. Encuentra aquello por lo que pierdes la noción del tiempo y entonces encontrarás tu pasión. Cuando dedicas todas tus energías a las cosas que te apasionan, nunca más vuelves a sentir la pesada carga de un trabajo, nunca más vuelves a odiar los lunes ni a amar los viernes; en definitiva, eres feliz porque te dedicas a hacer cosas que te gustan. Si aún no has encontrado esa sensación, sigue buscando, no desistas en tu búsqueda, sigue haciendo cosas diferentes, porque de esta manera llegará un momento en el que inevitablemente encontrarás lo que te apasiona. Quizás aún no te lo hayan dicho, pero posees talentos innatos que nadie más tiene, eres único, especial y ¡diferente! No existe nadie igual a ti en todo el planeta, y esa particularidad te permite imaginar y crear cosas que a nadie más se le podrían ocurrir.

¿POR QUÉ UN DIARIO?

Cuando empecé a leer mis primeros libros sobre educación financiera podía pasarme horas y horas leyendo sin parar. Quería subrayar los libros enteros porque todo era importante para mí. Recuerdo que tenía que buscar un cuaderno y apuntar todas mis ideas para que no se me olvidaran y, sinceramente, era un poco incómodo. Por eso me propuse que, si algún día escribía un libro, le evitaría ese problema al lector. Así surgió la idea de *Diario emprendedor,* un libro donde puedes escribir tus grandes ideas al mismo tiempo que lees. Así pues, el libro está pensado para que, después de leer cada capítulo, lo medites y anotes tus reflexiones personales en el apartado de «Diario personal». Recuerda, este diario no es acerca de mí, es acerca de ti. Una vez que hayas leído todo el libro guárdalo como si fuera un tesoro, y el día que cumplas tus más grandes sueños busca este libro y repasa tus notas personales, que dejaste escritas aquí. Estoy seguro de que te hará mucha ilusión ver cómo ha sido tu trayectoria.

MOMENTUM

Este es tu *momentum,* * el momento de poner todo tu dinamismo y energía en marcha. Seguramente tienes grandes ideas, pero es hora de incrementar la energía para que se realicen. Tener éxito requiere tiempo y esfuerzo, pero si no creas tu *momentum* ahora no tendrás lo que se necesita para que tus proyectos se hagan realidad.

---

* *Momentum:* ímpetu, impulso, progresismo.

Diario personal

Comienza donde estás

«Comenzar sin dinero es una ventaja. No se necesita dinero para empezar a ayudar a los demás».

Derek Sivers

Empezó con una pequeña pizzería en 1960 en una localidad de Michigan y durante ocho años intentó sacar adelante su negocio de pizzas. Pasados esos años había acumulado una deuda de 1,5 millones de dólares que le llevó a la bancarrota. Sin embargo, siguió probando suerte con otros negocios, pensando que su oportunidad estaba en otra parte y no en las pizzas. En medio de esos intentos de negocio (perfumerías, limpieza de coches, etc.) siguió endeudándose y pidiendo créditos sin obtener resultado alguno.

Un día pensó que podía volver a empezar en el ámbito en el que había comenzado, hizo una valoración y comprendió que las pizzas eran su pasión. Buscó una idea novedosa y se dio cuenta de que, en Estados Unidos, si alguien quería comprar una pizza tenía que ir a buscarla a la tienda. Entonces se le ocurrió que podría llevar las pizzas aún calientes a las casas de sus clientes usando su propio coche, y así lo hizo. Fue el nacimiento del *delivery pizza* (servicio a domicilio). Años después creó las populares promociones 2 × 1, 30 minutos o gratis, y actualmente su cadena es la segunda pizzería más grande de Estados Unidos y cuenta con más de 9000 establecimientos alrededor del mundo.

Esta es la historia de Tom Monaghan, el fundador de Domino's Pizza.

MUY POCOS COMIENZAN DONDE ESTÁN

No sé en qué tramo de tu camino te encuentras ahora mismo, pero quiero que sepas que, estés donde estés, tienes la oportunidad de empezar a hacer realidad tus propósitos.

El problema de la mayoría de la gente es que vive esperando el momento correcto, tener la financiación necesaria, estar en el lugar o en el país indicados. Sin embargo, el mejor momento para emprender tus proyectos es ahora, porque nunca serás tan joven y estarás tan lleno de vida como hoy; generalmente a los que esperan el momento correcto se les va la vida esperando.

Es necesario que empieces hoy mismo a cambiar tu futuro, no importa si aún crees que eres muy pequeño, o si sientes que no tienes mucho que ofrecer, no permitas que esos pensamientos aniden en tu mente porque todos tenemos algo que ofrecer, algo que aportar, algo que puede cambiar la vida de alguien más. Amancio Ortega, fundador de Zara, es un buen ejemplo sobre cómo comenzar desde donde estás. Empezó a construir su imperio desde su pequeño taller en La Coruña, España, y actualmente es el tercer hombre más rico del mundo según la revista Forbes, con tiendas en más de 77 países. La vida es así, las mejores oportunidades visitan a aquellos que trabajan con esmero, independientemente de dónde se encuentren.

Tengo un amigo del que he aprendido mucho, su nombre es Miguel Silva. Él y su amigo José Ramón García decidieron crear una empresa de tecnología, pero en vez de pensar en mudarse a Silicon Valley decidieron empezar donde estaban. Así fue como crearon la empresa tecnológica Blusens en su ciudad natal, Santiago de Compostela. Y en tan sólo 10 años han llegado a distribuir sus productos a más de 30 países.

Es probable que tengas una buena idea, pero si esperas mucho tiempo para llevarla a cabo puede ser que cuando te decidas sea demasiado tarde; puedo asegurarte que no existe un mejor momento para empezar que ahora. Este es tu momento, esta es tu oportunidad, el mundo entero y yo estamos esperando a que nos sorprendas con tu genialidad. Definitivamente, la mejor manera de hacer algo es empezarlo.

EMPIEZA SIN DINERO

Pensar que lo primero que se necesita para emprender es tener dinero es un error muy común entre los emprendedores. El error radica en el enfoque: lo primero que debes preguntarte cuando inicias un proyecto no es cuánto necesitas para llevarlo a cabo sino qué tan útil puede ser para la sociedad.

Para ser útil no se necesita financiación. Fíjate en la palabra «primero», hago énfasis en ella porque creo que el principio de todo proyecto consiste en querer ayudar o resolver la necesidad de alguien más, todo lo demás es secundario. Cuando creé la marca Niños Emprendedores me costó mucho trabajo conseguir la financiación necesaria. Pero, a pesar de que no tenía dinero para empezar me enfoqué en ser útil. En una ocasión, invite a un montón de niños, padres e incluso abuelos del pueblo en el que residía en aquel momen-

to al día de «sueña en grande y disfruta de una limonada». Primero, compartí con ellos una charla de cinco
minutos acerca de los sueños, y después empezó la
revolución. Unos niños estaban a cargo del sistema
de producción exprimiendo limones y asegurándose de
que la limonada tuviera un buen sabor. Otros trabajan
en la logística, montando mesas y distribuyendo todo
el material, el equipo de marketing era genial, diseña-
ron carteles y un logotipo, y por último estaba el equipo de ventas, haciendo cuentas y desarrollando la
campaña compras uno y te llevas dos. Fue increíble,
pero lo más memorable para mí fue que no sólo se di-
virtieron sino que aprendieron a emprender un proyecto.
Sinceramente, ese día ellos fueron mis maestros, me
hicieron darme cuenta de que una venta de limonadas
no tiene nada de diferente de los negocios que hacemos
los adultos. El objetivo siempre es el mismo, vender;
pero muchas veces olvidamos cuáles son los verdaderos propósitos. Meses después alguien se interesó en
lo que hacía y la inversión llegó para esa marca, pero si
hubiera pensado que era mejor empezar teniendo algo
seguro probablemente nunca hubiera hecho nada.

De la misma manera que sucedió con Niños Emprendedores ha sucedido con muchos grandes emprendedores de la historia. Cuando pones tu corazón en algo
grande y bueno para los demás, la financiación siempre

llega a tiempo, tan sólo debes procurar que la financiación te encuentre trabajando.

Me encanta la historia de Derek Sivers. Él fundó cdbaby.com en 1997, una de las primeras páginas web en vender música de artistas independientes. En su libro *Sigue tu pasión* afirma que el hecho de no haber tenido financiación fue una enorme ventaja para él. Más adelante también cita: «Si quieres ser útil, siempre puedes empezar ya con solo un 1% de lo que hay en tu gran visión. Será una humilde versión prototipo de tu gran visión, pero ya estará en marcha. Irás por delante de los demás, porque habrás empezado de verdad, mientras que otros estarán esperando a que la línea de meta aparezca, como por arte de magia, en la línea de salida». Derek vendió su empresa 11 años después de haberla fundado por 22 millones de dólares. Ser útil para alguien más es tan valioso que no tiene precio.

ENFÓCATE EN AQUELLO EN LO QUE ERES BUENO

La forma más efectiva para empezar, sin lugar a dudas, es enfocarte en aquello en lo que realmente eres bueno. Debes preguntarte qué haces mejor que los demás. Es una pregunta sencilla pero importante, porque la respuesta te proporcionará la pauta que necesitas para iniciar tu proyecto.

El error que cometen muchas personas que quieren emprender algo es enfocarse en los negocios que son rentables. Es entonces cuando se aventuran a iniciar un tipo de negocio que no les gusta, en el que no son buenos, sólo porque ven que para otra persona sí lo ha sido. El hecho de que sea rentable para otra persona no significa que pueda serlo para ti también. Este tipo de personas hacen que una idea deje de ser una excelente idea, no cometas ese error. Enfócate en aquello en lo que eres bueno.

ALGUNOS BUENOS EJEMPLOS DE PERSONAS CON ENFOQUE

- Mark Zuckerberg, creador de Facebook, enfocó su negocio en aquello en lo que era realmente bueno: programar.
- Tom Monaghan, creador de Domino's Pizza, se enfocó en lo que sabía hacer mejor: hacer pizzas.
- Warren Buffett también se enfocó en lo que conocía de primera mano: invertir.

Puedes contestar a estas preguntas y escribir las respuestas en tu Diario personal:
- ¿En qué soy bueno?
- ¿Qué disfruto haciendo?

- ¿Cómo podría servir a otros haciendo lo que me gusta hacer?

Encuentra el enfoque de tu idea y entonces tendrás un buen proyecto. Estar enfocado es el detalle que te hará diferente.

Diario personal

El poder de una visión

«La persona más pobre de este mundo
no es aquella que no tiene un centavo sino
aquella que no tiene visión».
Dante Gebel

Se celebraba la inauguración de Epcot Center en la ciudad de Orlando, Florida. Habían pasado ya dieciséis años desde la muerte de Walt Disney, quien había concebido el proyecto y había trabajado fuertemente para que se llevara a cabo. Un reportero se acercó a Roy Disney, hermano de Walt, que en aquel momento se encontraba al frente de la corporación, y le dijo:

—Debe de ser un momento difícil para usted; un día de gran alegría pero también de inmensa tristeza porque Walt nunca pudo ver culminado este parque, que era uno de sus grandes sueños.

Roy sonrió, lo miró fijamente a los ojos y respondió:

—Joven, está usted equivocado. Walt vio culminado este sitio. Y, precisamente gracias a que lo vio culminado mucho antes de que se comenzara a construir, hoy usted y yo lo estamos viendo.

Roy ponía en evidencia algo que conocía bien. Se dice que Walt Disney fue capaz de realizar proyectos precisamente porque era capaz de visualizarlos ya terminados cuando apenas eran una idea en su mente. La idea de Disneylandia se le ocurrió mientras paseaba con sus hijas Sharon y Diana. Imaginó un gigantesco parque de atracciones para los niños, donde pudieran encontrarse con los personajes de sus dibujos animados.

Cuando buscaba financiación, llevaba a los banqueros al lugar que había escogido en las afueras de Los Ángeles, y, desde una colina cercana, les indicaba con voz entusiasta dónde estarían las entradas, la calle principal y el castillo. «¿Lo pueden ver?», preguntaba. Y los desconcertados inversores trataban de imaginar lo que Disney veía allí, en medio de aquel terreno baldío.

Necesitas visualizar

Las visiones nacen en el corazón, pasan por la mente y, tarde o temprano, con la acción, se vuelven realidad. Todos necesitamos una visión, no importa si es atractiva o no para los demás, sólo importa que tú estés seguro de ella, que la ames y que beneficie a alguien más.

Visualiza conmigo un momento, cierra los ojos y desconéctate por un momento de todo. Piensa en cómo te gustaría estar en el futuro, cómo te ves dentro de 10 o 20 años. ¿Dónde te gustaría estar y qué te gustaría estar haciendo? Si has logrado captar esa imagen futura de ti mismo, guarda esa imagen en tu mente y a partir de ahora recupérala cada vez que flaquees en tu propósito y descubrirás que vale la pena luchar por ese futuro.

Quizás pienses que ahora eres muy pequeño o que no eres una persona demasiado importante, pero ¿sabes qué? Nadie nació siendo grande o relevante, todos debemos ganarnos a pulso lo que anhelamos. Sueña a lo grande, imagina a lo grande, esfuérzate a lo grande y tendrás resultados grandes.

TODO SALDRÁ BIEN

Es común en los emprendedores la impaciencia. Todos desean llegar rápido a sus objetivos, pero hay que ser consciente de que eso difícilmente sucederá. En capítulos anteriores he dicho que no existen atajos para el éxito, solamente esfuerzo y perseverancia. Tu visión puede que tarde un tiempo en realizarse, pero cuanto más rápido aprendas, más acelerarás la curva de aprendizaje. Debes ser consciente de que habrá malos momentos mientras tu visión se realiza, es normal sentirte desanimado a veces y pensar que tu visión nunca se realizará. Pero eso no pasará, no al menos si estás decidido a esforzarte arduamente para evitarlo. Cuando los pensamientos pesimistas invadan tu mente, recuerda que eres especial, que Dios es justo y no se olvidará de tu esfuerzo.

Imagina por un momento que tuviera una máquina del tiempo con la que ir a visitar a tu «yo» del futuro. Imagina que veo que las cosas no han salido como esperabas, ¡que han salido aún mejor! Imagina que te está yendo muy bien y que tu estilo de vida es muy deseable. Luego, al volver al presente, imagina que te explico todo lo que he visto sobre ti. Sé honesto: ¿seguirías viviendo angustiado o preocupado por tu futuro? Estoy completamente seguro de que no y de que probablemente verías ridículas tus dificultades de hoy. Afortunadamente no tengo una máquina del tiempo y afortunadamente no necesitas ir al futuro para saber que esto pasará.

Debes mantener el ritmo de trabajo constantemente y no olvidar que si eres humilde, honesto, íntegro, esforzado y apasionado, estarás condenado a una vida próspera y llena de felicidad. No te preocupes por el mañana, cada día tiene su afán, sigue dando pasitos seguros como las tortugas. Ya sabes qué le pasó a la liebre confianzuda: más vale ir lento y seguro que rápido y con un exceso de confianza.

Seguramente has escuchado la historia de David y Goliat. A mi padre le encantaba contarnos esta historia, supongo que porque se sentía muy identificado con aquel muchacho que comenzó sin nada y tuvo que enfrentarse a grandes retos en su vida.

A lo largo de nuestra vida todos nos encontramos con gigantes que nos ponen a prueba, y lo cierto es que, tarde o temprano, todos necesitamos un Goliat al que enfrentarnos para poder darnos cuenta de nuestras posibilidades.

Lo importante es esto, David nunca hubiera llegado a ser rey si no se hubiera enfrentado a Goliat. Lo que convirtió a David en rey no fue su fuerza, sino su actitud. Cada problema, cada gigante, es una oportunidad para crecer y para alcanzar tu visión; no la desperdicies quejándote.

El hierro con hierro se afila

En una ocasión en la que estaba desanimado por las críticas negativas que otras personas hacían de mí, una amiga me dijo estas palabras: «El hierro con hierro se afila». Reflexioné durante muchos días hasta que comprendí que el carácter de un verdadero líder se demuestra en los momentos difíciles.

Cada prueba en tu vida, cada golpe, cada dificultad tan sólo está moldeando tu carácter. Mantén tu frente en alto siempre y, si en algún momento sientes que todo se está derrumbando a tu alrededor, recuerda que estás preparado para superar cualquier dificultad. Tener una actitud correcta en esos momentos te transformará en un mejor líder y en un modelo a seguir para los demás. Las personas que tienes alrededor apoyarán tu visión porque habrás probado que estás hecho de hierro.

SÉ UN LÍDER

Es la influencia lo que distingue a un líder de un dictador. El éxito en el liderazgo ocurre cuando una persona toma tu visión y la convierte en suya. Si quieres ser un buen líder debes aprender a transmitir a las demás personas tu visión.

Si eres un emprendedor y estás empezando a construir tu empresa, tu misión consiste en contagiar tu visión a las personas que están trabajando contigo. El problema de muchas empresas y líderes es que, aunque tienen una visión, no todas las personas de su equipo se encuentran trabajando conjuntamente para alcanzarla.

Uno de mis ejemplos favoritos de liderazgo es Steve Jobs. Aunque como persona tenía innumerables defectos, sabía muy bien cómo influir y transmitir su visión del concepto de Apple a los demás. Fue su influencia la que llevó a toda la empresa a enfocarse en producir los mejores productos del mundo.

Sigue trabajando en tu liderazgo y aprende a ser una persona influyente.

SÉ DIFERENTE

Bill Gates tuvo una visión cuando tenía 19 años: que algún día todo el mundo podría tener un ordenador personal en su escritorio. En los setenta su visión parecía ridícula. Un ejecutivo de IBM replicó su argumento diciendo que no había ninguna razón para que todo el mundo quisiera tener un ordenador en casa. Sin embargo, años más tarde, Bill y todo su equipo de Microsoft estaban metidos en una avalancha de negocio que no paraba de crecer. El resto de la historia ya la conoces y Bill Gates sigue estando entre los tres hombres más ricos del mundo.

Esa es la clave: busca una visión mucho más grande que tú, que te obligue a salir de tu zona de confort, que te obligue a exprimir tu cerebro, que te haga diferente. Todos tenemos una zona de confort donde lo hacemos todo razonablemente bien, pero sólo las personas diferentes se atreven a salir de ella en busca de algo mejor.

TODAS LAS NOCHES, ANTES DE DORMIR

Una vez que la tengas, átate tu visión al cuello, despierta, come, merienda, cena y duerme con ella. Que nada pueda apartarte de tu visión. Cada día debe ser una oportunidad para crecer, no te vayas a dormir sin haber aprendido algo que te acerque a tu visión. Pon en práctica este principio todos los días hasta que tu visión se realice.

Diario personal

Consejos para emprendedores y empresarios

«Ninguna cosa hay tan difícil como el arte de hacer agradable un buen consejo».
Joseph Addison

El arte de emprender algo se ve condicionado por nuestras experiencias y capacidades; todos somos diferentes y por lo tanto todos necesitamos consejos distintos. En este capítulo quiero ofrecerte algunos consejos que pueden llegar a serte muy útiles. He agrupado estos consejos por edades, porque no es lo mismo emprender un proyecto con 15 años que con 65, puesto que las situaciones que nos rodean cambian de la misma manera en que avanzan los años en nuestra vida. Estos consejos serán de gran utilidad tanto para las personas que quieren emprender un negocio como para los empresarios que cuentan ya con una trayectoria.

EMPRENDEDORES

La línea de salida no empieza con la financiación, como muchas personas creen; la línea de salida de cualquier proyecto empieza queriendo ser útil para los demás.

Cuando creé mi primer negocio de diseño gráfico a los 16 años, no necesité dinero para poner en marcha mis ideas. Tan sólo quería hacer algo que me gustara, aunque fuera gratis; finalmente, lejos de ser gratis llegué a ganar bastante dinero para ser tan joven. Más adelante, cuando creé mi segundo y tercer negocios sí necesité dinero, pero lo curioso es que no tuve que ir en su busca, él simplemente vino a mí a través de personas que se dieron cuenta de que lo único que me importaba era hacer las cosas con excelencia para los demás. No puedes permitir que la falta de financiación o ideas detenga tus proyectos; al contrario, debes ponerte en movimiento, empieza dando pequeños pasos, no importa lo pequeños que parezcan, sigue adelante. Sólo trabajando podrás encontrar la inspiración, sólo esforzándote podrás encontrar gente que se interese por lo que haces. Recuerda, no necesitas dinero para empezar, necesitas enamorarte de lo que haces.

- **Si tienes menos de 20 años:** Usa todo tu tiempo libre para hacer cosas diferentes, practica deportes, busca trabajo en diferentes áreas, cambia de peinado constantemente (mientras puedas), viaja a muchos sitios, conoce otras culturas, aprende idiomas. Haz todo cuanto te sea posible hacer, porque de esta manera llegará un momento en el que habrás descubierto qué cosas te gusta hacer y cuáles no. El objetivo es encontrar lo que verdaderamente te apasiona, lo que harías incluso gratis. Y cuando lo sepas, dedica todas tus energías a ello. Estoy seguro de que encontrar aquello que te hace vibrar por dentro te hará muy feliz.

- **Si tienes entre 20 y 30 años:** A esta edad el tiempo es más limitado debido a las responsabilidades que se van adquiriendo. Intenta optimizar más tu tiempo y desarrolla el hábito de planificar todas tus actividades con una agenda. Si aún eres universitario, sustituye paseos y vacaciones para poder dedicarte tiempo a emprender o trabajar en tu plan de empresa. Aprovecha estos años para vivir, hacer cosas y cometer errores porque quizás más adelante no te lo puedas permitir. Y si por casualidad has pensado en abandonar la universidad, ¡no la dejes! Un título no es suficiente para un emprendedor, en realidad no sirve de mucho, simplemente porque tus futuros proveedores, bancos e inversores nunca van a preguntarte cuál fue tu promedio; pero tener un título universitario demuestra que eres alguien, alguien que se ha esforzado.

- **Si tienes entre 30 y 65 años:** Si estás en el mercado laboral pero sientes que el trabajo que tienes no es para ti ¡no lo dejes! Repito: ¡no lo dejes! No aún, por lo menos. Establece un tiempo libre al día o a la semana en el que puedas idear lo que te gustaría hacer o crear. Incluso puedes convertir este tiempo en una actividad familiar. Seguro que tus hijos, tu pareja o tus familiares tienen grandes ideas. ¡Aprovéchalas! Muchas grandes empresas empezaron en la mesa de una cocina. Si decides emprender algo no sólo estarás trabajando en tu visión sino que además estarás enseñando a los tuyos a ser personas proactivas. Tienes la ventaja de contar con experiencia en el mundo laboral y probablemente sepas ya cómo son las cosas en el mundo empresarial. Así que, una vez que tengas toda tu idea desarrollada y tu plan de empresa recién horneado, llévalo a cabo. Si todo sale bien, llegará un momento en el que tengas que plantearte renunciar a tu trabajo; cuando esto ocurra te recomiendo encarecidamente tener dinero ahorrado por lo menos para un año o dos. Sé que para las personas que tienen una familia es especialmente difícil emprender algo nuevo, pero saber que tienes tanto en juego seguramente te ayudará a planificar todo perfectamente.

- **Si tienes más de 65 años:** Me gusta pensar que la juventud no depende de los años sino del espíritu. Siento una profunda admiración por las personas que desean seguir trabajando a pesar de tener la edad necesaria para dejar de hacerlo. El verbo «jubilarse» proviene del latín *jubilare,* «lanzar gritos de júbilo»; cuando escucho esta palabra me da la sensación de que la vida es un castigo hasta que llegas a los 65 años. Afortunadamente para los emprendedores no es así, como tampoco lo fue para el coronel Sanders, creador del famoso pollo KFC (Kentucky Fried Chicken), quien fundó su famosa marca a los 60 años. De manera que no nos queda más que seguirle dando vida a los años.

Hay una buena noticia

La buena noticia es que tienes todo lo que necesitas para triunfar, eres propietario de dos activos muy importantes: tu cerebro y tu tiempo. Con estos activos más tu esfuerzo, determinación y pasión todo es posible. Sigue persistiendo, sigue creando, sigue cambiando tu mundo y el de las personas que te rodean, no importa cuánto tengas que luchar, sigue. ¡Tú puedes!

No te detengas, siempre hay algo más por descubrir y por aprender.

El dinero siempre plantea dos problemas, o tienes mucho o tienes poco. Si has logrado un cierto grado de riqueza con tus negocios es necesario que sigas creciendo y la forma más efectiva que conozco para que esto ocurra es seguir aprendiendo y desarrollando tu educación financiera.

Estoy seguro de que no ha sido fácil para ti convertirte en una persona exitosa, por eso no puedes olvidar nunca la necesidad de ser una persona agradecida. Piensa por un momento en todas las personas que te han ayudado en el camino. Seguramente hay muchas que recuerdes y, si sigues pensando, recordarás muchas más.

Creo fervientemente en la ley de la siembra y la cosecha; si ahora tienes la oportunidad de cosechar lo que tanto te costó sembrar, es momento de sembrar en otros. Te invito a que no dejes de sembrar semillitas de grandeza, quizás hoy sea un buen momento para llamar a todas aquellas personas que de alguna manera te han ayudado a crecer. No hace falta decir mucho, tan sólo diles «gracias».

- **Empresarios con dificultades económicas:** Un día, mientras merendaba en un café, leí una estadística que afirmaba que nueve de cada diez empresas fracasan en sus primeros cinco años de vida. Eso significa que tienes que estar dispuesto a fracasar nueve veces por lo menos antes de tener éxito con una empresa. No quiero decir que vayas a fracasar, tan sólo me refiero a que debes estar dispuesto a que cualquier cosa ocurra. Sé que no es nada alentador conocer estas cifras, y muchas veces fracasar es duro.

Cuando uno de mis negocios quebró por primera vez y perdí todo el capital que un inversor había puesto en él, mi moral terminó por los suelos. Aunque intelectualmente y teóricamente estaba preparado para enfrentar los fracasos, no fue nada fácil para mí superarlo, pero comprendí que aprender del fracaso era necesario para aprender a ser exitoso también. Fue muy duro aceptar que mi negocio había quebrado, pero gracias a esa experiencia me volví más fuerte emocional y financieramente. Me di cuenta de que en realidad no había fracasado, simplemente había descubierto que la receta que estaba empleando empresarialmente no era la adecuada y debía cambiar de estrategia.

He aprendido más después de fracasar que después de tener éxito, por eso cuando alguien fracasa empresarialmente, en vez de lamentarme junto a él, lo felicito, porque eso significa que se está acercando a su éxito.

Las personas exitosas aprenden a reaccionar rápido cuando las cosas no marchan bien. Si tu empresa está enfrentando dificultades, es hora de que cuestiones tu estrategia y hacia dónde están llevando tus decisiones a la empresa. Sé muy crítico contigo mismo y, de ser posible, pide ayuda a otros empresarios para que puedan darte su perspectiva desde fuera. Cuando tengas una visión más amplia de tu situación actual plantea las posibles soluciones que puedas tomar para salir adelante.

- **Sé un buen jefe:** No importa lo estresado que estés, no importa cuántos problemas tengas, sé bueno con los demás. Se te ha dado una gran responsabilidad sobre la vida de otras personas, recuerda que tu actitud debe ser siempre honesta, honorable y justa. Cuanto mejor trates a las personas que trabajen contigo, más felicidad y satisfacción estarás atrayendo a tu vida. Estos son algunos consejos extremadamente excelentes que puedes empezar a aplicar hoy.

Sé el menos inteligente del equipo: ¿Quieres destacar? Busca personas menos inteligentes que tú. ¿Quieres tener un equipo que te lleve al éxito? Rodéate de personas más inteligentes que tú. Sólo con gente talentosa e inteligente podrás sacar adelante tu negocio, no pretendas nunca ser el más listo, más bien procura ser un buen líder para ellos.

Sé humilde: ¿Cuántos hijos tienen tus empleados? ¿Cuáles son sus gustos o aficiones? Estoy seguro de que los mejores líderes son humildes. Interésate siempre por sus circunstancias, por su familia, hijos o problemas.

Escucha: A veces los empresarios olvidan que ellos también fueron empleados. Mientras tu agenda está llena de reuniones, ellos están en el campo de batalla todos los días, escucharlos es muy importante, y es parte de tu humildad. Si respetas las opiniones de tus empleados, ellos te respetarán más a ti y por lo tanto serás un mejor líder y ellos mejores profesionales.

Nunca faltes al respeto: Jamás puedes permitirte faltarle al respeto a tu equipo: ni un grito, ni un insulto, ni dejarlos en ridículo. Recuerda que ellos son el reflejo de ti. Más bien, si crees que alguien no está haciendo bien su trabajo o es incapaz de hacerlo, habla con él e intenta hacerle ver cómo puede mejorar. Si esto no funciona podrás encontrar más adelante, en los capítulos «Decisiones difíciles» la mejor forma de actuar ante estas situaciones.

> *Explica tus decisiones:* Los dictadores ordenan cosas porque sí, los líderes explican sus decisiones para que todos puedan comprender y entender sus motivaciones.

HAY UNA BUENA NOTICIA

Estoy completamente seguro de que los empresarios que mantienen una actitud humilde para seguir aprendiendo tienen muchas más posibilidades de seguir creciendo y haciendo más fuertes sus empresas que los que no lo hacen. Leer este libro es una muestra de que te sigues manteniendo humilde. Aun así, recuerda que tu legado quedará marcado por la actitud que tengas siempre: en el día malo y en el día bueno. La buena noticia es que tus decisiones valientes ya han cambiado y mejorado la vida de otras personas. Gracias a ti, la economía de tus empleados crece y por lo tanto la de tu país también. Permite que te felicite y anime a seguir levantándote por las mañanas con un propósito, el propósito de hacer este mundo un sitio mejor.

Diario personal

Educación para pobres y ricos

«Aprender es descubrir que algo es posible».

Fritz Perls

Todo el mundo quiere ser rico, pero pocas son las personas que están dispuestas a pagar el precio para serlo. En vez de eso, la mayoría prefiere comprar la lotería de Navidad y esperar a que la suerte visite sus vidas, y precisamente por eso no llegan nunca a ser ricas. El azar no es una buena inversión, como tampoco lo es no educarte para prosperar.

El precio para ser rico consiste en estar dispuesto a educarse continuamente en todos los ámbitos, especialmente en el financiero, y tener la suficiente autodisciplina para poner en práctica esos conocimientos. Por ejemplo, por el mismo precio por el que has comprado este libro podrías haber comprado un billete de lotería, pero en vez de haber invertido tu dinero en la suerte lo has invertido en tu educación. Si mantienes la práctica de invertir en tu educación a lo largo de tu vida, constantemente estarás volviéndote más sabio e inteligente y eso te capacitará para crear oportunidades que te impulsen hacia adelante. En este capítulo podrás analizar por qué la mayoría de las personas no son ricas a pesar de tener todo lo necesario para serlo.

EL PORQUÉ ES MÁS IMPORTANTE QUE EL CÓMO

La mayoría de las personas se preguntan cómo pueden ser ricas, en vez de preguntarse por qué quieren serlo. Lo importante no es el cómo sino el porqué; éste te proporciona un objetivo real por el cual luchar, el cómo se descubre una vez que identificas tu porqué.

Antes de continuar, te invito a que crees una lista de «por qué quiero ser rico», en el apartado de Diario personal del capítulo. Para darte una idea voy a compartir contigo una lista de algunos de mis porqués:

Lista de porqués:
— Porque quiero poder ayudar a más personas y siendo rico dispondré de más tiempo y recursos para hacerlo.

— Porque no me gusta que mi familia pase dificultades económicas.

— Porque me gusta viajar a diferentes países.

— Porque me gusta fijarme en el lado izquierdo del menú de comida y no en el derecho.

— Porque me gusta saber que puedo comprarme cualquier cosa que me guste.

...

ALGO MÁS SOBRE TUS PORQUÉS

Cuando era pequeño escuché a una persona famosa decir que lo que lo llevó a conquistar sus sueños fue haber involucrado a alguien más en ellos. Creo que todos deberíamos tener un porqué que beneficie a alguien más.

TIPOS DE EDUCACIÓN

Existen cuatro diferentes tipos de educación a grandes rasgos:

1. Educación escolar
2. Educación de la vida
3. Educación profesional
4. Educación financiera

- **Educación escolar:** Es toda aquella que recibimos antes de llegar a la universidad, es con la que aprendemos a leer, escribir, sumar, restar y multiplicar. Es la base de toda educación y es absolutamente indispensable en la vida de todas las personas.

- **Educación de la vida:** La vida nos enseña lo que las aulas nunca podrían llegar a resumir en ningún libro de texto. Existen muchas personas que se han pasado la vida entera estudiando pero, cuando su educación termina y han de salir a pelearse con la vida, se encuentran totalmente desarmados y débiles emocionalmente para enfrentarse a grandes retos. Esto ocurre porque se centran solamente en sus estudios y no en el arte de vivir y disfrutar la vida.

  La economía de mis padres cuando terminé la secundaria era bastante estable, tenía todo lo que necesitaba y más pero sabía que corría el peligro de acostumbrarme a las cosas fáciles. Disfrutaba de muchos bienes materiales, pero en mi interior sabía que yo no había pagado el precio que costaba tenerlos, así que decidí que debía irme de casa y viajar a lugares diferentes para saber lo que costaba ganarse la vida. Vendí una moto que tenía y con ese dinero compré un billete a Estados Unidos. Conocí algunos estados y luego seguí viajando hacia otros países. Tenía ganas de pelearme con la vida y adquirir cultura general. Años después tuve que enfrentarme a serios problemas económicos que explicaré más adelante pero estoy seguro de que la educación de la vida que adquirí en mis viajes me ayudó a salir victorioso de cada una de las crisis económicas a las que tuve que enfrentarme después.

Mi consejo para los jóvenes es el siguiente: adquiere educación de la vida, viaja, descubre, plantéate nuevos retos, retos que pongan a prueba tu carácter y te obliguen a dar lo mejor de ti.

- **Educación profesional:** Hace tan sólo unas décadas la educación profesional era una herramienta muy poderosa para hacerse rico. Por ejemplo, ser médico o abogado era una garantía para tener una vida acomodada. La razón por la que nuestros padres o abuelos nos aconsejan obtener buenas calificaciones y títulos es porque en su generación los estudios profesionales eran muy importantes para tener éxito. Sin embargo, los tiempos han cambiado y ahora un título no es suficiente para ser rico. Parece impensable pero actualmente existen personas con títulos profesionales que viven en la calle o se encuentran lavando platos en otros países porque no pudieron hacer frente a sus deudas o porque no pudieron encontrar un trabajo. Eso, simplemente, no es justo. Por ese motivo considero que es de suma importancia que, además de sus estudios, todas las personas desarrollen su inteligencia financiera para respaldar sus conocimientos profesionales.

La razón por la que la mayoría de las personas con educación profesional no son ricas es porque dejan de educarse una vez que obtienen su título. Saben mucho sobre su especialidad pero no saben cómo convertir ese conocimiento en dinero. Conozco a muchas personas que creen que después de obtener su maestría o doctorado tienen todo lo necesario para solventar económicamente sus vidas. Lo que es aún peor es que dentro de cinco o diez años gran parte de ese conocimiento que aprendiste se habrá vuelto obsoleto. Es por eso por lo que nunca puedes permitirte dejar de aprender.

Una de mis series favoritas es *The Apprentice* (El aprendiz). En ella, un grupo de ejecutivos aspirantes al puesto de aprendiz del gran jefe tienen que pasar una serie de pruebas empresariales, de manera que al final resulta ser uno el escogido. En una de las primeras pruebas de ese programa, los ejecutivos profesionales, licenciados por universidades y escuelas de negocio de gran prestigio, tenían que formar grupos e ir a vender aceitunas al mercadillo de la ciudad. Era impresionante ver cómo intentaban aplicar todos sus conocimientos universitarios para vender unas cuantas aceitunas y, lo que era aún peor, su incapacidad para ponerse de acuerdo entre ellos y venderlas. ¡Era un auténtico desastre!

Los títulos universitarios quedan muy bien en las paredes de las oficinas, pero lo importante es qué hacen las personas con la educación que obtienen y el uso que hacen de ella. Muchos de los multimillonarios de hoy en día no tuvieron la suerte de acceder a la educación profesional, e incluso alguno de ellos ni siquiera terminó su educación escolar. ¿Por qué ellos tienen éxito y las personas altamente educadas no? Porque ellos saben que no dependen de un papel que los acredite como profesionales. Ellos saben que con sus conocimientos y circunstancias pueden hacer mucho más: mientras otros descansaban ellos estaban trabajando, mientras otros se divertían ellos trabajaban en sus activos. Ahora imagínate de lo que eres capaz tú simplemente diversificando en tu educación.

En mi caso, hace tres años, cuando empecé mi carrera universitaria, pensé en dejarla, quería renunciar, sabía que lo que estaba aprendiendo no me volvería rico. Pero comprendí que saber más siempre es mejor, y que ese conocimiento profesional adquirido junto con mi educación de vida y financiera podría ser una forma increíblemente efectiva para triunfar.

Así pues, la educación profesional es una forma muy efectiva de asegurarte una base sólida. Pero si quieres triunfar en grande, mi consejo –para todas las personas que han llegado hasta este nivel de educación– es que comiencen de inmediato su educación financiera. Es la educación financiera la que los volverá ricos, no la profesional.

- **Educación financiera:** El motivo por el que muchas personas no son ricas es porque detienen su educación en la profesional. Como decía antes, la educación financiera es una pieza clave para hacerse rico y es necesario que trabajes en ella para que te permita convertir en oro tu educación profesional.

- **¿Qué es la educación financiera? Descripción muy rápida.**
  Es saber qué es un activo y un pasivo. Los activos te vuelven rico, los pasivos te vuelven pobre.

- **¿Qué es la educación financiera? Descripción rápida.**
  Es adquirir conocimientos para saber tomar las mejores decisiones financieras. Aprender cómo funciona el dinero, la deuda, las inversiones, los activos y los pasivos.

En vez de aprender cómo funciona el dinero, la mayoría de las personas deciden enfadarse con él. Cuando era pequeño escuchaba a la gente decir: «La raíz de todos los males es el dinero». Pero en realidad la frase original dice: «El amor al dinero es la raíz de todos los males». El amor al dinero se llama codicia, y no son los ricos sino las personas codiciosas las que terminan destruyendo sus vidas y familias, de la misma manera que lo hizo Gordon Gekko en la película *Wall Street*. Es importante entender que el dinero no te vuelve ni bueno ni malo, son tus valores los que lo hacen. Por eso es tan importante encontrar los porqués de los que hablábamos al inicio, porque donde está tu corazón está tu riqueza.

Educarse en finanzas es especialmente necesario en estos tiempos, pero, a pesar de ello, los niños y jóvenes actualmente no están siendo educados en esta área. Como fundador de la marca Niños Emprendedores he tenido que estudiar ampliamente el sistema educativo de los niños; lo que me preocupa especialmente es que el sistema no los está preparando en cuanto a finanzas se refiere.

En una ocasión, comentándolo con un periodista mientras me entrevistaba, él me preguntó:

—¿Qué podemos hacer para que el gobierno cambie el sistema educativo?

Mi respuesta fue la siguiente:

—Lo más importante no es eso. Lo más importante es que los primeros profesores que tienen los niños, que son sus padres, desarrollen en ellos actitudes proactivas y emprendedoras en vez de exigirles ser como robots programados para sacar buenas notas. Deberían enseñarles a hacer sus deberes con la vida. Son ellos los responsables de instruir a sus hijos sobre cómo defenderse de la vida. Son tus padres los primeros que te enseñan a ser rico o pobre.

CÓMO PUEDO EDUCARME FINANCIERAMENTE

A pesar de que el sistema educativo no tiene en cuenta la educación financiera, existen cientos de libros sobre este tema que son de gran utilidad. Cuando tenía 16 años empecé mi educación financiera leyendo libros de autores como Brian Tracy, Robert Kiyosaki, George Clason, Vincent Peale o John Maxwell; autores que recomiendo a todos los emprendedores.

Leer es uno de los primeros pasos que debes dar para comenzar tu educación. Personalmente te recomiendo que leas por lo menos un libro al mes sobre alguno de los siguientes temas: cultura general, finanzas personales, carácter, liderazgo, motivación, marketing, ventas y salud personal y espiritual.

Otros ejemplos de lo que puedes hacer son asistir a conferencias sobre finanzas (la mayoría de ellas son gratis), estudiar biografías de grandes emprendedores o incluso hacer *networking* (es decir, establecer contactos con personas en reuniones). Como ves no es tan difícil ni caro educarse, si inviertes en tu educación lo más probable es que te vuelvas rico, si inviertes tu tiempo en ver televisión lo más probable es que estés condenado a ser pobre. Desarrolla el hábito de estudiar todos los días, quizás ahora sea un buen momento para que hagas una planificación en tu Diario personal de libros que te gustaría leer y seminarios a los que te gustaría asistir.

Diario personal

El poder de los ingresos

«Nunca serás rico si tus gastos exceden a tus ingresos;
y nunca serás pobre si tus ingresos superan
a tus gastos».
Thomas Chandler Haliburton

—Trabajo muy duro todos los meses, y aunque hace tan sólo dos meses me dieron un aumento, aun así no sé por dónde se me escapa el sueldo. No estoy casado, no tengo hijos, y no es que malgaste el dinero; sólo suelo darme gustos caros de vez en cuando, pero es como si las deudas no se terminaran nunca. Siempre hay una cuota más que pagar en mi tarjeta de crédito, siempre hay un nuevo pago que hacer, es como si compartiera un matrimonio con mi hipoteca. Estoy cansado de pagar deudas —me dijo Sebastián mientras comíamos en un restaurante.

—Bueno, yo creo que las deudas no son malas, no entiendo por qué estás tan enfadado —le contesté a Sebastián—. Ya me has dicho qué tipo de gastos y deudas tienes, pero ahora dime: ¿qué tipo de ingresos tienes? —Sorbí mi café mientras esperaba su respuesta.

—¿A qué te refieres? Sabes que soy empleado en una empresa de marketing. Mis ingresos provienen de mi sueldo, como los de todo el mundo.

—Como los de todo el mundo no —repliqué—. Por ejemplo, yo ahora mismo, mientras hablo contigo, estoy ingresando dinero en mi cuenta bancaria.

—Sí, ya sé que vendes libros por internet y ganas regalías pero yo no soy un escritor como tú. Además, ¿a qué te refieres con eso de que las deudas no son malas? ¿No te das cuenta de que estamos metidos en esta crisis económica por culpa de los bancos, esos sucios bancos codiciosos que le prestaban dinero a todo el que entraba por sus puertas y después se vendían entre ellos mismos esas deudas que nadie podía pagar?

—Por supuesto que me doy cuenta —le contesté.

—Entonces, no sé cómo te atreves a decir que las deudas no son malas —me contestó con un gesto de indignación.

—Verás, Sebas, las deudas pueden ser buenas o malas, depende de cómo las uses, eso ya lo sabes. El problema es que algunas personas usaron sus deudas para comprar una casa más grande y bonita, un nuevo coche o un nuevo iPhone. Otros rehipotecaron sus casas para poder seguir comprando más lujos, pero sólo algunos usaron sus deudas para generar más ingresos. —El rostro de Sebastián empezaba a relajarse un poco. Déjame que te explique lo que he aprendido sobre los tipos de ingresos que hacen que los ricos se vuelvan más ricos, y sobre los tipos de ingresos que hacen que la clase media siga siendo clase media.

Esto fue lo que le expliqué a Sebastián:

• **Ingresos salariales:** Son aquellos que provienen del fruto de tu trabajo para una empresa, como en tu caso; cada mes recibes un sueldo en contraprestación por el tiempo y habilidades que inviertes en tu empresa. Pero, si te fijas bien, la única manera que tienes de ganar más dinero con tu ingreso salarial es pidiendo un aumento. El problema es que la mayoría de las personas, cuando reciben ese aumento, incrementan también su capacidad de endeudamiento, se dejan llevar por la ilusión de tener más dinero y empiezan a gastar más. Ese es el motivo por el que siempre están batallando para llegar a fin de mes.

—Pero, Joshua, creo que sí es posible llegar a ser rico con un ingreso salarial, como tú lo llamas —me contestó Sebastián. Fíjate en los jugadores de fútbol, como Messi, o en los directivos de grandes multinacionales. Ellos no tienen por qué preocuparse por el dinero. Además, creo que si sigo esforzándome llegará un momento en el que tendré un sueldo muy jugoso.

—No he dicho que no sea posible ser rico con un ingreso salarial —le contesté a Sebastián—. Simplemente creo que es muy difícil llegar a serlo. Aun así, sé de muchos deportistas profesionales que llegan a ser muy ricos, pero años después, cuando dejan de ser famosos, pierden todo lo que un día tuvieron. No se trata de cuánto ganas, sino de la habilidad que tengas de conservar ese dinero y de multiplicarlo.

—Creo que eso tiene sentido —contestó Sebastián.

—También es posible ser rico siendo un ejecutivo de alto valor para una empresa, pero las probabilidades de lograrlo son muy escasas. Y te diré por qué es especialmente difícil ser rico para las personas con un ingreso salarial: es el tipo de ingreso con los impuestos más altos, cuanto más ganas tú más se lleva la hacienda pública. Si te despiden, estás acabado. Si dejas de trabajar, dejas de ganar dinero. Y si quieres ganarte un ascenso, tendrás que trabajar más y más hasta que consigas esa promoción. Y, por si fuera poco, casi no tienes tiempo libre para ti mismo. Realmente es complicado.

• **Ingresos por cartera e inversiones:** Son el tipo de ingresos que provienen de las acciones, bonos del estado, obligaciones o, como su mismo nombre indica, inversiones. El problema de este tipo de ingresos es que tienes que conocer muy bien el mercado, sus fluctuaciones y movimientos. La mayoría de las personas suelen hacer pequeños cursos de bolsa y creen que con eso tienen suficiente para invertir y volverse ricos, pero es mucho más complejo.

Generar este tipo de ingresos es una forma altamente efectiva para volverse muy rico, de hecho todos los millonarios saben que deben aprender a invertir para mantener su riqueza, pero para una persona normal y corriente requiere de grandes habilidades financieras y de grandes inversiones económicas para generar beneficios importantes. Es por eso que suele ser un ingreso que aprendes a generar cuando ya eres rico.

• **Ingresos pasivos:** Son aquellos ingresos que generas mientras estás en tu casa viendo una película. En otras palabras, es cuando el dinero trabaja para ti.

—Entiendo, como en tu caso con las regalías —me contestó Sebastián.

—Exacto. Pero no me limito a tener uno solo, mi objetivo es tener diferentes tipos de ingresos pasivos. Cuantos más tengo, más rico me vuelvo. De hecho, mi objetivo no es ser millonario, mi objetivo es tener más ingresos pasivos que gastos. A eso es a lo que se le llama «libertad financiera», la libertad de no tener que preocuparse por el dinero.

—Entiendo, como una persona que alquila un piso y recibe una renta mensual —me contestó Sebastián.

—¡Correcto! Esos son los ingresos pasivos.

—Está bien, creo que lo que dices tiene sentido —contestó—. Pero, si te digo la verdad, no sé por dónde podría empezar a generar ese tipo de ingresos y, a decir verdad, mi trabajo me gusta mucho y no estoy interesado en dejarlo sólo porque existan los ingresos pasivos.

—No te digo que lo hagas. Es más, sería estúpido si lo hicieras. Simplemente creo que todas las personas deberían diversificar sus ingresos —le contesté—. ¿Sabes una cosa, Sebas? Lo mejor de los ingresos pasivos es que compran tu tiempo libre. Por lo tanto, si aprendes a generarlos, dispondrás de 24 horas al día para hacer lo que más te apetezca: para trabajar en tus activos o para ver la televisión. Tú escoges qué quieres hacer.

POR DÓNDE EMPEZAR

Creo que la mejor manera de empezar a construir tu propia riqueza es educándote financieramente. En el capítulo anterior, hablé sobre los cuatro diferentes tipos de educación que existen. Educándonos en finanzas aprenderemos a crear ingresos pasivos. No es fácil, pero tampoco lo es levantarse todos los días para ir a trabajar. Personalmente, me costó varios años crear mi primer ingreso pasivo. Para conseguirlo tuve que leer muchos libros y cometer varios errores, pero definitivamente valió la pena intentarlo.

Cada persona crea su propia receta para volverse rica. Yo he escogido crear empresas que generen ingresos pasivos porque es lo que me gusta, pero cada uno debe encontrar su propio camino hacia la prosperidad, y ese camino debe ser escogido de acuerdo con sus talentos y su pasión. En mi caso, disfruto mucho del trabajo creativo de fundar nuevas empresas, así que lo hago y, una vez que éstas son rentables, pongo a trabajar en ellas a personas mucho más inteligentes que yo. Se crea empleo, ellos ganan dinero, mis clientes están contentos y yo también lo estoy.

Creo que ahora es un buen momento para que medites y pienses en cómo podrías diversificar tus ingresos. Puedes contestarte a la siguiente pregunta: «¿Cómo puedo crear mi primer ingreso pasivo?». Recuerda que los resultados no se ven de la noche a la mañana, requieren esfuerzo y planificación, pero estoy seguro de que buscar una solución para esta pregunta te permitirá poner en marcha tu cerebro y empezarás a generar ideas geniales que quizás no sabías que estaban ahí, pero lo están.

Diario personal

Nuevos consejos para nuevas generaciones

«Las masas humanas más peligrosas son aquellas
en cuyas venas ha sido inyectado el veneno
del miedo.... del miedo
al cambio».
Octavio Paz

Un poco de historia

Hace poco más de 300 años la tierra era la principal
fuente de riqueza. Entonces, quien poseía tierra poseía
riqueza. Aquella época es considerada como la era
preindustrial. Poco después surgieron la primera y segunda revolución industrial, las fábricas se desarrolla-
ron y comenzó la producción a gran escala.

Pero hoy estamos en la era de la información y seguir escuchando consejos que provienen de tiempos pasados no es recomendable. En esta época, el mejor consejo que puedes dar a alguien es que se eduque lo máximo que pueda en los diferentes tipos de educación que existen. Como mencioné antes, en la actualidad, lo que aprendes en la universidad se vuelve obsoleto muy pronto, demasiado pronto. Si eres un estudiante universitario te darás cuenta de que en cinco o diez años mucho de lo que aprendiste habrá quedado obsoleto o no lo recordarás. Entonces, ¿por qué seguir confiando nuestro futuro sólo a los títulos universitarios? No digo que no sean importantes, pero creo que todos deberían diversificar su educación.

Cuando tenía 15 años alguien me regaló un libro titulado *Padre rico, padre pobre* de Robert Kiyosaki. Aquel libro fue para mí como cuando encuentras a aquella persona que entiende todos tus problemas incluso mejor que tú. En el libro Robert hablaba sobre los viejos consejos a los que estamos sometidos por la sociedad, consejos a los que yo infelizmente estaba sometido por parte de mis profesores: «Obtén buenas calificaciones, para que puedas encontrar un trabajo seguro en una gran empresa». Saber que mi vida ya estaba programada era como cuando alguien te estropea una película contándote el final sin haberla visto antes. Me negaba a aceptar que todo estuviera planificado para mí, quería aventura, saber que podía aspirar a algo más grande y mejor.

Por eso las personas que deseen un futuro mejor deben aprender a escuchar los nuevos consejos que estos nuevos tiempos nos han traído. Éstos son algunos:

EL MEJOR CONSEJO

Este libro, antes de llegar a convertirse en un libro tangible de papel, fue un pequeño libro autopublicado de apenas 30 páginas que subí a la tienda iTunes Store de Apple. Lo único que tenía era la promesa «Te tomará 20 minutos leerlo y 20 años olvidarlo» y un presupuesto de marketing de 0 euros. Curiosamente el libro pronto empezó a comprarse en cantidad. El mensaje que quería lanzar desde el primer momento era muy claro: «Todos pueden emprender sus sueños»; y para eso hicimos sesiones de fotos con profesionales de diferentes áreas: un científico, un ingeniero, una periodista y un estudiante de administración de empresas. El mensaje que lancé en aquel momento es el mismo que quiero transmitirte hoy: «No importa tu profesión, puedes ser empresario». No importa si eres médico, cajero, filólogo, arquitecto o ama de casa, tienes una responsabilidad contigo mismo de luchar por tus sueños, y ese sueño es posible.

El mejor consejo que puedo darte es que te eduques financieramente porque, si lo haces, pronto aprenderás a rentabilizar todas tus ideas. Si lo haces, aprenderás a quejarte menos del sistema y a trabajar más por lo que crees. Aprenderás a crear tus propias oportunidades y aprenderás a sacar provecho de todas las ventajas que nos ofrece esta era maravillosa que estamos viviendo.

Más consejos

- **El dinero no te hace rico:** Puedes tener un millón de euros en este mismo momento, pero si no tienes habilidades financieras pronto dejarás de serlo. Aunque suene paradójico, no es el dinero el que te vuelve rico, son tu cerebro, tus habilidades y tu conocimiento los que sí lo hacen. Ya lo sabes, el dinero en manos de un tonto es una gran fiesta, pero el dinero en manos de alguien inteligente es un poderoso imperio.

- **Un buen sueldo no resuelve tus problemas:** Steve Jobs, uno de mis grandes héroes, es un buen ejemplo para explicar por qué un buen sueldo no resuelve todos tus problemas económicos. Steve fue probablemente uno de los hombres más ricos de la tierra con el sueldo más bajo de todos: 1 dólar al año. Steve sabía que no era su salario el que resolvería sus problemas financieros, eran sus ingresos por cartera los que lo harían, es decir, sus millones de acciones en Apple y Disney.

- **Sé valiente:** Hace unos años estaba solo, triste, sin dinero y deprimido. Hablé por teléfono con mi padre que se encontraba al otro lado del planeta y le pedí consejo. Él, con toda la tranquilidad del mundo, me dijo: «Te daré el mismo consejo que le dio el rey David a su hijo Salomón antes de morir: "Sé valiente y compórtate como un hombre"». Ese consejo me acompaña todos los días de mi vida. Cuando tengo miedo, cuando tengo que tomar una decisión o cuando debo ser arriesgado, simplemente lo recuerdo.

  Y ese mismo consejo quiero darte hoy: ¡Sé valiente!

- **Decide cada día:** Cada día es una elección, todos los días decidimos quién queremos ser o hacer. De nuevo Steve Jobs nos dio una lección sobre decidir cada día en su famosísimo discurso de graduación en Stanford:

  «Cuando tenía 17 años, leí una cita que decía algo así como: "Si vives cada día como si fuera el último, algún día tendrás razón". Me marcó, y desde entonces, durante los últimos 33 años, cada mañana me he mirado en el espejo y me he preguntado: "Si hoy fuese el último día de mi vida, ¿querría hacer lo que voy a hacer hoy?". Y si la respuesta era "No" durante demasiados días seguidos, sabía que necesitaba cambiar algo».

- **Encuentra a tus socios:** Es muy raro encontrar grandes emprendedores que hayan empezado solos, porque emprender solo es mucho más difícil que en equipo. Te recomiendo buscar a alguien que comparta tu visión y que sea un complemento para ti. No hace falta que estén de acuerdo en todo, pero asegúrate de estar en la misma sintonía, esa es la regla de oro.

- **Encuentra mentores:** Todo aquel que quiera triunfar, necesita un mentor en su vida. Cuando emprendes un nuevo proyecto es prácticamente imposible que puedas prever los obstáculos a los que te vas a enfrentar. Pero un mentor es aquella persona que ya ha pasado por donde tú quieres pasar y puede evitarte muchos dolores de cabeza.

Siempre he creído que a las personas les gusta ayudar a otras personas. Digo esto porque a veces he ido a pedirle consejos a personas que son tan famosas o importantes dentro de su industria que pensé que jamás me escucharían. Pero, por increíble que parezca, sí lo hicieron.

La mayoría de las personas que se acercan a esas personas relevantes lo hacen porque existe un interés de por medio. Necesitan un trabajo, necesitan cerrar un acuerdo... Pero que se acerque alguien simplemente para pedirles un consejo es algo que no se ve todos los días.

Mi recomendación es que toques puertas, que preguntes, que pidas consejos. Estoy seguro de que encontrarás un buen consejo para todas tus preguntas.

- **Aprende rápido:** En la película *Regreso al futuro II*, cuando Marty McFly viaja al futuro se encuentra desconcertado al ver cómo funcionan las cosas. En una escena, mientras lo persiguen, Marty le quita a una niña su monopatín (*hover board*). Al principio se tambalea un poco usándolo, hasta que comprende cómo funciona. Al final, el monopatín le gusta tanto que se lo lleva de nuevo a su vida presente.

  Para muchas personas está siendo difícil aprender a utilizar las nuevas herramientas y posibilidades que ha traído la era de la información, especialmente en el área económica. Sin embargo, ante esto, hay que adoptar la actitud de McFly: aprender rápido las nuevas reglas del juego.

La mejor era para emprender

Esta es la mejor era para emprender, nunca había sido tan fácil hacerlo. Somos la envidia de cualquier generación anterior y, por eso, en las próximas décadas surgirán muchos nuevos millonarios que habrán sabido aprovechar las oportunidades de hoy.

Piensa por un momento en lo engorroso que sería para ti emprender si no tuvieras internet o un iPhone.

Hoy en día todo el conocimiento lo tenemos a un clic. Sólo tienes que ir a tu navegador, formular una pregunta y, como por arte de magia, obtienes millones de respuestas. Tengo socios en Alemania con los que me reúno casi a diario por videollamada. Da igual en qué parte del mundo se encuentren, tan sólo necesitamos una computadora o un teléfono celular para ponernos al día cara a cara. Las únicas fronteras que existen actualmente son las de tu mente. Este es tu momento, esta es tu generación. ¡Sigue aprendiendo!

Diario personal

Piensa en GRANDE

«Si de todas formas tienes que pensar,
mejor hazlo en grande».
Donald Trump

A finales de la década de los sesenta, un chico de 16 años y su familia se establecieron en Barcelona. A los 17 años decidió dedicarse al mundo de la moda. Empezó vendiendo camisetas estilo hippy a varias tiendas locales por encargo y en los mercadillos de su ciudad. Cuando obtuvo dinero suficiente, lo invirtió en la expansión de su negocio y amplió la oferta de sus productos. Se compró un coche y viajaba con el maletero lleno por todo el país vendiendo sus prendas. Pronto tuvo que alquilar un almacén, y después montó una tienda propia. Decidió que debía dar un paso más allá y pensar en grande. A los pocos años consiguió empezar a abrir tiendas que hoy están repartidas por todo el mundo. Actualmente existen más de

2400 tiendas en 107 países. Es Isak Andic, el fundador de Mango.

Piensa en grande

Somos lo que pensamos, como bien demostró Isak. En lo que se refiere a tus pensamientos tienes dos opciones: pensar en grande o pensar en pequeño. Con pensamientos pequeños obtendrás resultados raquíticos. Con pensamientos grandes obtendrás resultados grandiosos. Puesto que los dos requieren el mismo esfuerzo mental, ¿por qué no hacerlo en grande?

Algunas de las personas más ricas de la tierra lo son porque siempre piensan en grande, la clase media no. Ambos tienen las mismas capacidades, pero el uso de sus pensamientos es diferente, y eso se refleja en sus resultados. La manera de pensar de los más ricos es lo que hace que hoy se encuentren en la lista Forbes.

Lo importante es esto: naciste con la capacidad de hacer cosas grandes, pero es necesario que empieces sustituyendo tus pensamientos de miedo por pensamientos optimistas. Mientras sigas pensando en tus problemas poco podrás crecer. Piensa en lo bueno, en lo noble y en el buen porvenir. Reflexiona sobre los resultados que has obtenido de tus pensamientos a lo largo de tu vida. Piensa en aquellos momentos en los que has actuado con miedo u otro pensamiento negativo, ¿qué resultados has obtenido? Y cuando todo salió mejor de lo que esperabas, ¿qué pensamientos usaste? Ponte como meta pensar en grande en todo lo que emprendas, porque al hacerlo generas sueños, y los sueños son el combustible que necesitas para perseverar hasta el final.

EMPIEZA CON LOS DETALLES

Todo lo que hagas hazlo con excelencia. Las personas que piensan en grande, no dejan los resultados al azar, no piensan: «Bueno, haremos esto así y ya veremos qué pasa». Las personas que tienen muy claro que quieren llegar lejos cuidan los detalles, porque cada uno, por muy pequeño que sea, formará parte del resultado total de lo que hagas.

De manera que, para pensar en grande, empieza cuidando los detalles.

CORAZÓN DE LEÓN

Una zorra reprochaba a una leona el hecho de que sólo pariese a un pequeñuelo en cada parto. Y la leona le contestó:

—Sí, uno solo, tienes razón, ¡pero un señor león!

No te preocupes si sientes que eres muy pequeñito. Todo lo grande ha empezado siendo pequeño.

Quizás haya personas que no confíen en ti, personas que crean que esos sueños son muy grandes para ti, pero nada de eso importa. No permitas nunca que nadie desinfle tus pensamientos, y, cuando creas que algo se te ha quedado muy grande, recuerda que por tus venas corre sangre de campeón y que tienes un corazón de león que te hace grande y fuerte.

Piensa en la solución

Piensa en la solución, no en el problema. No importa lo que hagas, los problemas estarán ahí para visitarte de vez en cuando, son parte de todo lo que vale la pena.

Cuando las cosas se pongan feas, piensa ¿realmente es el fin del mundo o es algo que puedo arreglar? Mantén el enfoque en las soluciones y verás que todo tiene una. El ejercicio de pensar en grande continuamente no sólo te ayudará a resolver tus problemas, sino que también afinará tus resultados constantemente hasta que, gradualmente, te conviertas en una persona con el toque del rey Midas.

Mantén el 1%

Soichiro Honda, creador de la empresa Honda, dijo: «El éxito está compuesto por un 99% de fracaso, y un 1%

de éxito». El 99% de las personas no piensan suficientemente en grande y prefieren no asumir riesgos, pero siempre hay un 1% que sí lo hace y en consecuencia son recompensados. En una ocasión le mencioné esto a unas personas y su respuesta fue que era cuestión de suerte, no de pensar en grande. Y no se equivocaron, sus resultados fueron acordes con sus pensamientos. Creo que cuanto más trabajas más suerte tienes.

VUÉLVETE UN EXPERTO

Hace unos años monté un pequeño negocio de camisetas con mi mejor amigo. Vendimos camisetas en dos continentes, pero fabricamos en un país distinto al que vendíamos. En nuestro presupuesto figuraban todos nuestros costos variables, pero olvidé contrastar el precio del transporte de las camisetas. Me fie de los precios que había escuchado de boca a boca. Cuando ya teníamos toda la producción lista para su envío, llamé a la empresa, pero el costo real de transportar todas las cajas de camisetas era tan alto que se comía todos nuestros beneficios.

Las personas que piensan en grande tienen un total conocimiento de su negocio. No dejes nada al azar, no dejes cabos sueltos, no cometas el mismo error que yo. Pensar en grande no es suficiente si no te conviertes en un experto en tu negocio, sé responsable.

Ser inteligente significa saber usar lo que tienes. No significa que ya lo sabes todo, significa que sabes que no puedes dejar de aprender y avanzar. Conozco a muchas personas que nacieron en familias con muy pocas ventajas, sin embargo, supieron usar su inteligencia para convertirse en personas altamente exitosas. Se enfocaron en lo que sí tenían en vez de enfocarse en lo que no tenían. Todos tenemos algo que ofrecer, si lo piensas bien y te aplicas pronto empezarás a encontrar lo que otros necesitan y tú tienes. ¡Sé inteligente!

Diario personal

Sueña en GRANDE

«Ni una inteligencia sublime, ni una gran
imaginación, ni las dos cosas juntas forman el genio;
Amor, eso es el alma del genio».
Wolfgang Amadeus Mozart

Nació en el seno de una familia pobre; sin embargo, desde niño amaba dibujar y se dedicaba a vender sus bosquejos. Estudiando en un colegio de arte, tuvo la oportunidad de descubrir el innovador invento del cine, que le cautivó desde el principio. Decidió empezar su propio negocio junto a su amigo Ubbe Iwerks, pero por desgracia no consiguieron demasiados clientes y finalmente tuvieron que abandonarlo. Ambos fueron contratados por una empresa en la que trabajaron haciendo anuncios y, después de dos años trabajando para ella, creyó que había adquirido la experiencia suficiente como para emprender un nuevo negocio por su cuenta.

Los cortos que produjo en esta nueva empresa se hicieron famosos en su zona, pero sus gastos de producción excedían a los ingresos que proporcionaban, de manera que el estudio se declaró en bancarrota y volvió a fracasar. Lejos de desanimarse, decidió trasladarse al floreciente centro de la industria cinematográfica: Hollywood. Recorrió todos los estudios buscando trabajo, pero ningún director quiso contratarlo. Entonces decidió volver a intentarlo con la animación y junto con su hermano comenzó Disney Brothers' Studio, que más tarde sería The Walt Disney Company.

Después de crear a Micky Mouse, su fama se extendió al incorporar la novedad del sonido a la película de Micky, *Willie en el barco de vapor* (1928) y crear el primer largometraje animado, *Blancanieves*.

Walt Disney siguió soñando en grande y, no contento con este éxito, se imaginó llevando la magia de sus películas al mundo real. De esta manera surgió la idea de crear los famosos parques temáticos Disney World, enfocados no sólo al público infantil, sino a todos los públicos. Hoy en día, estos parques siguen fascinando a niños y adultos de igual manera y son capaces de introducir al visitante en un mundo de fantasía.

Walt no sólo soñó, sino que gracias a sus películas ha creado sueños en miles de personas. Al preguntarle acerca del atractivo de la película *Blancanieves,* contestó: «En nuestros estudios sólo estamos convencidos de una cosa: de que todos fuimos niños alguna vez. Así que al plantearnos una nueva película, no pensamos ni en los adultos ni en los niños, sino en ese rincón limpio y puro que conservamos en nuestro interior, ese rincón que el mundo, quizá, nos ha hecho olvidar, pero que tal vez logremos recuperar por medio de nuestras películas».

DEDICADO A LOS SUEÑOS

Hace unos años escribí un texto que me gustaría compartir contigo. Desde entonces esta ha sido mi declaración de amor a los sueños, espero que tú también te sientas identificado con ella.

Soñar es el alimento del alma. Son esos sueños los que nos dicen que la realidad no es realidad, que sí es posible cambiar las estrellas con un poco de esfuerzo y tenacidad. El mundo pertenece a los que son capaces de creer en sí mismos, a los que se atreven a confiar en sus sueños aun sabiendo que la realidad es otra. Es ahí cuando una estrella cambia de lugar. Quien dijo que hay que soñar con los pies en la tierra se equivocó, porque la realidad y los sueños no pueden habitar en el mismo lugar. Cuando sueñas tu alma se engrandece.

Un día fui a cenar a un restaurante en Madrid y mientras cenaba escuché a alguien quejarse y decirle a su acompañante que la vida y el trabajo eran un asco. Lo primero que pensé sobre esa persona es que no era feliz y por lo tanto su nivel de amargura no le permitía ver más allá de sus narices. Porque el que tiene sueños es alguien que ríe. El que tiene pesadillas es alguien que se amarga. Las personas que tienen sueños son personas felices.

Creo que la felicidad se consigue cuando se aprende a ser agradecido con lo que somos y tenemos. Cuando mi nivel de felicidad decrece, inevitablemente, mi capacidad de soñar también lo hace. Si durante varios días me siento desanimado o deprimido, empiezo a pensar en todo el camino que ya he recorrido, en mi familia, en mis amigos, en las cosas que tengo..., y entonces descubro que dispongo de suficientes motivos para ser agradecido. Esa gratitud me produce felicidad, y esa felicidad me permite ver más allá y volver a soñar con cosas grandes.

Tómate un momento antes de seguir leyendo para pensar en todas las cosas que tienes. Retrocede un poco en tu vida y piensa en los mejores momentos que has vivido y, si lo piensas bien y observas detenidamente a tu alrededor, te darás cuenta de que no necesitas más, que tienes todo cuanto necesitas. ¿No crees que tienes suficientes motivos para ser feliz? Estoy seguro de que los sueños van en sintonía con tu nivel de felicidad. Creo que los que aprenden a ser felices con poco lo serán cuando tengan mucho, y eso es muy importante para construir tu riqueza interior. Sé agradecido y serás feliz; sé feliz y producirás grandes sueños. La gratitud es el primer paso para soñar.

TODO EMPIEZA CON UN SUEÑO

Si ya tienes tu sueño prepárate para lo que viene, porque tendrás que enfrentarte a muchos *rounds* antes de poder ganar una pelea. Los sueños requieren de grandes riesgos y esfuerzos pero sólo aquellos que estén dispuestos a llegar al último asalto los verán cumplidos.

Estos son algunos ejemplos de personas que empezaron con un pequeño sueño:

Steve Jobs, a pesar de las dificultades que pasó durante toda su vida, fue capaz de soñar que podía crear productos increíblemente brillantes («Insanely Great») (Apple).

Bill Gates y sus amigos abandonaron Harvard en busca de un sueño (Microsoft).

Martin Luther King, aunque no representa una empresa, supuso el inicio del movimiento por los derechos civiles de los afroamericanos. Soñó con la libertad («I have a dream»).

Walt Disney arriesgó todo su capital para financiar el primer largometraje en color, *Blancanieves* (World Disney Productions).

A Pablo Motos le dijeron que no servía para la televisión, que era demasiado bajito y que no tenía barbilla, que lo dejara (El Hormiguero).

El coronel Sanders, a pesar de tener más de 60 años, soñó que su pollo frito podía venderse en todas partes (KFC).

LOS SUEÑOS PRODUCEN ENVIDIA

Seguramente has escuchado la historia de José el Soñador: José fue vendido por sus hermanos como esclavo a Egipto cuando aún era muy joven. Le tenían envidia porque tenía sueños en los que sus hermanos se inclinaban ante él. No sólo era el favorito de sus padres, sino que además iba y contaba sus sueños a sus hermanos.

Siempre me sentí identificado con ese personaje, porque cuando empecé mi trayectoria empresarial cometía el mismo error que José: contar mis sueños a quien no debía. Con esto, lo único que conseguía, como José, era que me tuvieran envidia. No puedes ir por ahí contando tus sueños a todo el mundo, simplemente porque cada persona tiene una perspectiva diferente de la vida. Habrá algunos que te entenderán y apoyarán y habrá otros que te harán la vida imposible.

Aunque no lo creas, incluso los envidiosos tienen sueños, pero tienen tanto miedo por dentro que no se atreven a creer en ellos mismos, en vez de eso prefieren bajar a otros de sus estrellas. Mi consejo es este: confía tus sueños sólo a personas que sepas que te van a apoyar. Sé que a veces es muy difícil lidiar con la envidia, especialmente cuando viene de personas que estimas, pero te puedo asegurar que la mejor forma de tratar con los envidiosos es ignorando sus argumentos. No dejes que el ruido de los demás ahogue tus sueños. Si tienes un sueño ve por él. No pierdas tu enfoque.

NO SEAS UN SOÑADOR ILUSO

Existe una enorme diferencia entre soñar y alucinar. Un sueño sin un plan de acción es una alucinación. Los ilusos quieren lograr cosas grandes pero carecen del carácter y la constancia necesarios para lograr sus aspiraciones. La mayor parte del tiempo están soñando despiertos pero nunca están trabajando por alcanzar lo que se proponen. Si quieres conquistar tus sueños y ganarte el respeto de los demás debes trabajar más que ninguno. En tanto que tu corazón sueñe cosas grandes pon a tu cerebro a trabajar de forma conjunta para poder realizarlas.

En secundaria y en la universidad, algunos me acusaron de ser un soñador iluso, pero no sabían que mientras ellos pasaban las tardes en la cafetería descansando, yo estaba trabajando en conquistar mis sueños. Muchos de ellos actualmente están buscando un buen trabajo, yo estoy buscando buenos empleados. Si trabajas lo suficientemente duro para alcanzar tus sueños es posible que los veas hechos realidad; si sueñas cosas grandes pero no estás dando lo suficiente para alcanzarlos, será sólo una gran pérdida de tiempo.

EN BUSCA DE LAS ESTRELLAS

El tamaño de un sueño no se mide por su nivel de dificultad, sino por el nivel de tu disposición para luchar por él día tras día hasta que éste se realice. Los grandes sueños requieren mucho tiempo y esfuerzo, es necesario que seas consciente de que tendrás que pasar por grandes pruebas antes de verlo realizado, pero si eres capaz de perseverar, trabajar duro y disfrutar en el camino, puedo asegurarte que tendrás un porcentaje muy alto de posibilidades de llegar a verlo cumplido.

Son más los que renuncian que los que fracasan. Soñar con cosas grandes es una experiencia única, es algo fascinante, una pequeña locura que hace que tu corazón palpite más fuerte y tu sangre circule a mayor velocidad. No pierdas el tiempo con sueños pequeños cuando puede ser algo grande. ¡Llega hasta las estrellas!

Diario personal

No te preguntes

«De todas las variedades de virtud, la generosidad
es la más estimada».
Aristóteles

John F. Kennedy juró el cargo de presidente de los
Estados Unidos en 1961. En su discurso inaugural pro-
nunció estas maravillosas palabras: «No te preguntes
lo que tu país puede hacer por ti; pregúntate lo que tú
puedes hacer por él».

Lo importante fueron esas maravillosas palabras
que declaró, que tanta razón llevan. Desafortunadamente, veo a muchas personas que viven con la única esperanza de que el gobierno, su empresa o su
familia se haga cargo de ellas. Una persona mediocre espera que alguien le solucione los problemas,
una persona generosa siempre encuentra una excusa para ayudar a su prójimo. Cuando medito las palabras de Kennedy siempre llego a la misma conclu-

sión: las personas que constantemente se preguntan qué pueden hacer por los demás son las que de forma irremediable terminan siendo tremendamente exitosas.

Una buena comparación para ejemplificar las consecuencias de la generosidad es ésta:

Steve Jobs quería que sus computadoras ayudaran a las personas a pensar diferente y a cambiar el mundo. Con la finalidad de garantizar la mejor experiencia a los usuarios, se aferró a la idea de no permitir que ningúna computadora que no estuviera fabricada por Apple usara su software. Esta estrategia empresarial hacía que sus ingresos disminuyeran pero le daba la seguridad de ofrecer lo mejor de lo mejor a sus clientes. Mientras tanto, Bill Gates quería vender millones de licencias de su software sin importar a qué computadora fueran a parar. Esto provocaba en muchos casos inconsistencias en el sistema operativo que afectaban negativamente en la experiencia del consumidor.

Uno quería crear productos de extrema calidad para sus clientes y otro quería ganar millones con el negocio de las licencias. Bill Gates terminó ganando mucho más dinero que Steve, pero Apple terminó siendo la empresa más valorada en el mundo. Gracias a la generosidad de Steve por crear productos *insanely great!* —como diría él— estamos viendo avances increíbles en la tecnología. Los emprendedores que deseen ser altamente exitosos, indistintamente de su área de actuación, deben empezar preguntándose cómo pueden mejorar la vida de las personas.

La generosidad es un buen punto de partida para aquellos que quieran lograr cosas grandes.

CRISIS: UNA OPORTUNIDAD PARA CRECER

La primera década del siglo XXI ha sido especialmente dura para muchas personas debido a la crisis económica, pero en realidad, más que una crisis mundial, se ha producido un cambio global, que tiene dos características: «inevitable» y «necesario». Inevitable, porque hemos pasado de la era industrial a la era de la información. Necesario, porque no podemos estancarnos en el tiempo, tenemos que progresar.

Se puede pensar que es en los tiempos de crisis cuando más tacaños debemos volvernos, pero es en estos tiempos cuando realmente se presentan oportunidades de hacer algo por los demás. En vez de pensar tanto en tu situación personal puedes empezar a pensar en cómo ayudar y servir a otros.

Muchas personas se refugian en sus sentimientos egoístas porque creen que su país o su sociedad no hace nada por ellos. En vez de plantearse ser ellos los factores del cambio, prefieren quejarse y amargarse, pero no se dan cuenta de que ese egoísmo lo único que les provoca es una crisis de incompetencia que no les permite superarse a sí mismos.

Cuando hablo de crisis, me gusta pensar en estas maravillosas palabras de Albert Einstein:

«No pretendamos que las cosas cambien si hacemos siempre lo mismo. La crisis es la mejor bendición que puede sucederles a personas y países, porque la crisis trae progreso. La creatividad nace de la angustia, como el día nace de la noche oscura. Es en la crisis donde nacen la inventiva, los descubrimientos y las grandes estrategias. Quien supera la crisis se supera a sí mismo sin quedar superado. Quien atribuye a la crisis sus fracasos y penurias violenta su propio talento y respeta más a los problemas que a las soluciones. La verdadera crisis es la crisis de la incompetencia. El inconveniente de los países es la pereza para encontrar las salidas y soluciones. Sin crisis no hay desafíos, sin desafíos la vida es una rutina, una lenta agonía. Sin crisis no hay méritos. Es en la crisis donde aflora lo mejor de cada uno, porque sin crisis todo viento es caricia. Hablar de crisis es promoverla, y callar en la crisis es exaltar el conformismo. En vez de esto, trabajemos duro. Acabemos de una vez con la única crisis amenazadora, que es la tragedia de no querer luchar por superarla».

Estos son algunos consejos excelentes para empezar a trabajar en tu generosidad:

- **Siembra y cosecharás:** Todos hemos escuchado sobre la ley de la siembra y la cosecha, tan conocida y tan poco practicada. Si te preguntara a quién has ayudado o qué has hecho por los demás este mes, ¿qué responderías? Si la respuesta te incomoda quizás es tiempo de que empieces a dar más y a pedir menos. Practica este principio todos los días de tu vida.

  La vida nunca deja exentas a las personas que constantemente están pensando en los demás. Necesitas amor, siembra amor. Necesitas una sonrisa, regala una sonrisa. Necesitas dinero, invierte en los pobres. Necesitas información, ofrece información. De esta manera no sólo acertarás en el blanco de tus objetivos, sino que, al interesarte por los demás, ellos empezarán a interesarse más por ti y tu bienestar.

- **Sé agradecido con lo que tienes:** La generosidad nace de la alegría, no de tener más cosas. Como te dije antes, si aprendes a ser generoso con poco, también lo serás con mucho.

- **Ponte al último:** Los emprendedores son líderes innatos, pero los verdaderos líderes saben que el secreto de su liderazgo no proviene de dar órdenes a muchas personas sino de servir a muchos.

- *Miítis:* A esta tierra llegamos de la misma forma que nos vamos, sin nada. Muchas personas sufren la enfermedad de la *miítis,* creen que todo lo que tienen es suyo. Pero no se dan cuenta de que tan sólo son administradores temporales de los objetos que tienen.

  No permitas que el sentimiento de las posesiones domine tu vida.

- **Desarrolla el hábito de la generosidad:** Hace unos días leí en *Business Insider* una historia fascinante que me dio una gran lección sobre el poder de la generosidad. El artículo decía lo siguiente: Patrick McConlogue, un programador con residencia en Nueva York, solía pasar cerca de un hombre sin hogar todos los días camino del trabajo. Los vagabundos eran algo común en su caminata diaria hacia el trabajo. Pero algo de Leo le llamó la atención.

  Este vagabundo, que vivía cerca del río Hudson, de unos 28 años, parecía tener algo diferente, un espíritu vehemente que incentivó a McConlogue a ofrecerle la siguiente propuesta: darle 100 dólares en efectivo o regresar al día siguiente con tres libros para aprender a programar en Javascript, una *lap top* barata y una hora todos los días para enseñarle a desarrollar apps.

Leo aceptó la propuesta de aprender a programar. Según comentó, podía gastarse los 100 dólares en unos cuantos días, en una semana cuando mucho, pero, si seguía los consejos de Patrick con una computadora, podía aprender a hacer algo que quizás lo ayudara. Después de todo, como él mismo mencionó, señalando a sus alrededores, contaba con tiempo suficiente para aprender.

El *kit* contenía tres libros, un Chromebook de Samsung y un cargador solar para su portátil, además, por supuesto, de una hora diaria de enseñanza durante dos meses por parte de Patrick. Después de las clases, Leo invertía tres o cuatro horas por su cuenta, practicando y leyendo los libros que McConlogue le había entregado.

¿El resultado? Tras un mes de aprendizaje, Leo se encuentra ya cerca de finalizar su primera app, relacionada con el calentamiento global y el cambio climático, intereses particulares del aprendiz.

Para incrementar tu generosidad sólo necesitas una cosa, ¡voluntad! No te preguntes qué pueden hacer por ti, pregúntate qué puedes hacer tú por los demás.

Diario personal

De pobre a rico

«Ser el hombre más rico del cementerio no me interesa. Lo que me interesa es irme a la cama cada noche sabiendo que hemos hecho algo maravilloso».
Steve Jobs

Hace 20 años, Magnús Scheving apostó con su mejor amigo que tendría éxito en lo que eligiera. Este carpintero que ganaba 100 dólares a la semana hoy es una estrella internacional de la televisión y dueño de un imperio del entretenimiento. Es un superhéroe, tiene una vestimenta para su trabajo en la oficina y otra para su programa, en el que protagoniza a Sportacus, un personaje admirado por los niños y padres de todo el mundo. Su show televisivo, *Lazy Town,* se emite en 109 países, y lo siguen más de 40 millones de niños. Magnús, en una entrevista hecha por *Grandes millonarios del mundo,* de Discovery Channel, afirmó: «Algunas personas me preguntan si soy rico. Debo decir que soy uno de los hombres más ricos del mundo porque hago algo que disfruto inmensamente. Quizás esté motivando al mundo cuando veo los cambios y recibo mensajes de la gente diciendo que cambié su vida. Por eso diría que *Lazy Town* es una de las empresas más ricas del mundo y que yo soy uno de los hombres más ricos del mundo. Aunque perdiera todo mi dinero seguiría siendo rico».

ES LO QUE TÚ QUIERES QUE SEA

Una vez pregunté en público que cuántos querían ser ricos y todos levantaron la mano. Después empecé a preguntar ¿por qué?

Algunos dijeron cosas como: «para no trabajar nunca más»; otros, simplemente querían ir a una playa del Caribe con todo tipo de lujos; después, los más nobles señalaron cosas como «para pagar la hipoteca de mis padres» o «para saldar mis deudas»; y por último, los que creían ser más inteligentes dijeron cosas como «comprar acciones», «ahorrar» o «invertir».

El punto es este, puedes darte cuenta realmente de qué significa el dinero para las personas. Para cada uno representa algo distinto: una solución, un lujo o una poderosa herramienta de palanca. Unos lo ven como un amo y otros como un siervo. Es lo que tú quieres que sea y, por tanto, será lo que representa para ti.

Todos quieren ser ricos, y todos pueden llegar a serlo, incluso cuando la cuenta bancaria diga lo contrario. Como dije antes, la pobreza o la riqueza son tan sólo un estado mental, una idea. Es una cuestión de estar o ser: estar es una condición, ser es una esencia.

- **Estar pobre** es no tener una moneda.
- **Estar rico** es tener mucho dinero.
- **Ser pobre** es una actitud, es quejarte de todo, es no tener paz, no dormir por las noches, que las preocupaciones te tengan atado, no disfrutar de lo que tienes, compararte con los demás, sentir celos y envidia de lo que otros tienen.
- **Ser rico** es tener una buena actitud ante la vida, ser agradecido con lo que tienes sin importar cuánto, disfrutar cada momento, que para ti no exista el fracaso, sino pequeños obstáculos que forman tu carácter, dar más de lo que recibes, disfrutar el presente porque al fin y al cabo es un presente, no compararte con nadie, agradecer tu salud y decidir ser feliz cada día.

SÉ RICO

¿Te has fijado alguna vez en aquellas personas que a pesar de no tener mucho dinero revientan de felicidad? Cuán deseable es una actitud así. Por otra parte, hay personas con mucho dinero pero con un espíritu pobre. Son tan pobres que lo único que tienen es dinero.

Todos tenemos un destino diferente; quizás no todos lleguen a estar en la lista de millonarios de Forbes, pero sí pueden disfrutar en abundancia del regalo de la vida. Para que esto suceda es necesario que empieces cambiando tus pensamientos pobres por pensamientos ricos. Pero no te dejes engañar, el mundo está lleno de amantes falsos que te dirán cómo vestirte, qué marca usar, cómo peinarte, cómo comportarte, cómo invertir o cuál es el prototipo del éxito. No caigas en su trampa. Ser rico requiere inteligencia para saber discernir a estos amantes falsos, porque no te quieren a ti, quieren tu dinero. Por eso es tan importante que comprendas cuál es tu verdadera riqueza, porque allí donde está tu corazón está tu tesoro.

Decide cada día ser rico, tanto espiritualmente como económicamente. Jesús dijo que nadie puede servir a dos señores, y no se equivocó. La riqueza más importante de todas es aquella que llevas dentro, la riqueza económica siempre viene como recompensa. Para asegurar tu felicidad presente y venidera es necesario que aprendas a disfrutar y a agradecer lo que tienes cuando no tienes nada, porque de esta manera también lo harás cuando el dinero abunde.

Diario personal

El poder de arriesgarse

«Un barco se encuentra seguro en su amarra del puerto. Pero no ha sido construido para eso, sino para hacerse a la mar».
Grace Hopper

Nació en una familia de clase media en Quebec, Canadá. Desde muy joven había decidido estudiar algo relacionado con las artes escénicas. Después de realizar varios eventos escolares y tocar en un grupo de música folk, ingresó en la universidad. Después la abandonó y decidió irse a Europa, donde se convirtió en un artista callejero. A su regreso a Quebec consiguió un trabajo en una planta hidroeléctrica, de donde fue despedido tan sólo tres días después.

Cansado de recorrer el mundo entero con sus zancos, reunió en su ciudad natal a un grupo de artistas callejeros para formar un circo diferente, basado en un concepto totalmente nuevo que logró diferenciarse del circo clásico por ser una mezcla de asombrosas artes circenses con vestuarios extravagantes, con un efecto de luces mágico y un fondo original de música. Nació entonces su primer espectáculo llamado «La magia continúa», pero no fue hasta 1987 cuando decidió arriesgarlo todo para llevar su circo al Festival de Artes de Los Ángeles. El traslado agotó por completo los ahorros de la producción. De no haber tenido éxito en la presentación, el circo no hubiera tenido el dinero suficiente para regresar a Quebec. En palabras de su fundador: «Aposté todo a esa noche. Si fallábamos no habría dinero para volver a casa». Esta es la historia de Guy Laliberté, fundador del Circo del Sol.

SAL DE TU ZONA DE CONFORT

La «zona de confort» representa el lugar en el que te encuentras cómodo, es cuando las personas se acostumbran al hábito de hacer las cosas siempre de la misma manera. Sin embargo, para expandir tu visión necesitas salir de tu zona de confort, porque de lo contrario no podrás progresar. Necesitas tener coraje para renunciar a los pensamientos y acciones que te dan comodidad, pero que como resultado te vuelven mediocre. «Para qué molestarse, es mucho esfuerzo, así estás bien», piensa la comodidad. «No te acomodes, ve por más», piensa la superación.

No permanezcas mucho tiempo en tu zona de confort porque podrías correr el riesgo de quedar atrapado en ella. Tu objetivo debe ser convertirte en una persona que constantemente se establece metas y las supera. Siempre hay algo nuevo por hacer, quizás hayas disfrutado de victorias en el pasado pero ésas ya han quedado atrás. Debes empezar a moverte hacia delante ya que fuiste creado para batir récords, no para quedarte estancado. Avanza.

SE NECESITA PASIÓN

Asumir riesgos sin amar lo que haces es una locura, y las locuras conducen al fracaso, no lo hagas. Necesitas estar verdaderamente enamorado de tus ideas para no caer en el error de tomar decisiones sin sentido que pongan en riesgo tus proyectos. Uno de mis primeros fracasos empresariales se debió a que tomé decisiones sin amar lo que hacía realmente. Los productos y servicios que ofrecía mi negocio en aquel momento no eran malos, pero mi corazón no sentía pasión por ellos, por lo que, inevitablemente, mis decisiones fueron estúpidas y fracasé.

¿Existe alguna gran empresa u hombre exitoso que no haya tenido que arriesgar todo a una decisión? Las personas con habilidades para asumir riesgos por lo general poseen mucha confianza en sí mismos. He descubierto que esa seguridad en sí mismos en la toma de decisiones arriesgadas proviene de las experiencias previas que han tenido, de manera que cuanto más trabajes y aprendas sobre los temas relacionados con tu proyecto, más confianza tendrás para asumir riesgos en el futuro.

Para adquirir la capacidad de arriesgarte debes trabajar arduamente todos los días en tu aprendizaje. No te vayas a la cama sin haber aprendido algo nuevo sobre tu negocio, convierte este principio en un hábito, en una regla de vida, y antes de que te des cuenta habrás adquirido la confianza suficiente para tomar decisiones que te ayudarán a subir de nivel.

SIGUE TU BRÚJULA

La realidad te dice que no es posible, pero una voz interna te dice que sí lo es. A veces te dice: «Ve por ahí» o «No tomes esa decisión». ¿La has escuchado alguna vez? Esa voz interna es lo que se conoce como intuición. No la ignores porque, de alguna manera, ella sabe qué es lo mejor para ti.

Para administrar empresas se necesita razonar, pero para expandir tu visión necesitas seguir tu intuición. Los emprendedores son personas que siguen sus instintos y deciden asumir el riesgo de llevar a cabo lo que su intuición les indica que es correcto.

Steve Jobs, mi héroe en los negocios, afirmó lo siguiente al volver de un viaje a la India: «Para mí volver a Estados Unidos fue un choque cultural mucho mayor que el de viajar a la India. En la India la gente del campo no utiliza su inteligencia como nosotros, sino que emplean su intuición, y esa intuición está mucho más desarrollada que en el resto del mundo. La intuición es algo muy poderoso, más que el intelecto en mi opinión, y ha tenido un gran impacto en mi trabajo».

Estudia tu idea, tu competencia, el sector en el que te mueves, el éxito y fracaso que han tenido otros. Escucha el consejo de los demás y aprende de ellos, pero al final del día siéntate y escucha a tu intuición. Es el mejor riesgo que puedes asumir.

CUANDO METES LA PATA

No te sientas mal si cometes errores, recuerda que cuantos más cometes, más inteligente te vuelves y más probable es que alcances tus objetivos. Es normal cometer errores cuando eres un novato e incluso cuando ya tienes mucha experiencia, sin embargo debes estar dispuesto a asumir la responsabilidad de lo que has hecho mal si esto ocurre.

No pongas excusas, porque las excusas las inventaron los perdedores para justificar sus derrotas y tú no eres un perdedor. Si cometes un error responsabilízate y evita cometerlo de nuevo, eso es todo.

Las personas que evitan los riesgos evitan crecer, son expertos en no cometer errores y por el mismo motivo nunca llegan lejos. No cometas el error de no arriesgarte por miedo a meter la pata; en vez de eso, lucha por lo que crees sin miedo a equivocarte. Recuerda que cuanto más te equivocas más inteligente te vuelves y más experiencia adquieres.

Y tú te preguntarás: «¿Está diciéndome que cometa errores?». No, sólo estoy diciéndote que el miedo a equivocarte no puede frenarte. Casi siempre el fracaso es mejor maestro que el éxito. Poco a poco irás aprendiendo a manejar el riesgo, pronto el poder de arriesgarte estará dentro de ti y te permitirá tomar las mejores decisiones que te convertirán en una persona enormemente exitosa.

Diario personal

Lo que llevas dentro

«Muchos creen que el talento es cuestión de suerte,
pero pocos saben que la suerte es cuestión
de talento».
Jacinto Benavente

Un hombre de negocios, dueño de una multinacional, decidió emprender un largo viaje para tomarse un descanso de sus largos años de trabajo. Llamó a sus tres CEO* internacionales para dictarles instrucciones. A cada uno de ellos les asignó un presupuesto para hacer crecer la empresa en los países a los que representaban. A uno le otorgó un presupuesto de cinco millones, a otro de dos, y al último de uno.

El CEO que recibió cinco millones de euros inmediatamente convocó a sus mejores directivos y trazó un plan para multiplicar los beneficios de la empresa. De la misma manera lo hizo el que recibió dos millones. Cada uno de ellos duplicó sus beneficios. Sin

* Chief executive officer, en español director ejecutivo

embargo, el ejecutivo que había recibido un millón de euros guardó el dinero de su presupuesto en la caja fuerte de su empresa y decidió seguir operando la compañía con los pequeños beneficios que ya manejaban. ¿Para qué arriesgar más?, pensó él.

Un año después, el dueño de la multinacional volvió y le pidió cuentas a cada uno de ellos. Cuando se presentó el primer CEO dijo:

—Nos asignaste un presupuesto de cinco millones, hemos ganado otros cinco.

—¡Así me gusta! —respondió el empresario—. Has sido sabio e inteligente con tu empresa, tendrás tu recompensa.

Después se presentó con una sonrisa en la cara el que había recibido dos millones:

—Nos asignaste dos millones, hemos ganado otros dos.

El hombre de negocios le contestó:

—Muy bien, no esperaba menos de ti. Te mereces unas vacaciones con todos los gastos pagados a donde quieras ir más una bonificación de acciones.

Horas después se presentó el que había recibido un millón:

—Sé que eres un hombre duro y que siempre buscas el máximo beneficio en todo lo que haces, por eso no quise arriesgarme a perder tu dinero y lo guardé en la caja fuerte de la empresa, te devuelvo lo que me has entregado —le dijo el ejecutivo.

A lo que el hombre de negocios respondió:

—¿Duro? ¿Que busco el máximo beneficio? ¿Y aun sabiendo eso no se te ocurrió hacer algo más inteligente con la responsabilidad que te asigné? En vez de haber puesto excusas, tendrías que haber depositado el dinero en el banco, así por lo menos, al regresar yo, habría recibido mi dinero más los intereses.

El millón de euros que recibió el último ejecutivo fue entregado como recompensa al que ganó más, y el ejecutivo perezoso fue despedido.

DESARROLLA TUS TALENTOS

Todos hemos sido dotados con talentos únicos y especiales que nos permiten diferenciarnos de los demás. Sólo tienes que comprender que llevas algo grande dentro y darte cuenta de que eres capaz de cualquier cosa. Todos tenemos cosas que ofrecer. Creo que lo que suele frenar el talento de las personas es el miedo a equivocarse; el terror a no poder alcanzar sus sueños las paraliza tanto que no son capaces de desarrollar lo que llevan dentro.

Daniel «Rudy» Ruettiger se propuso jugar al fútbol americano en la Universidad de Notre Dame. Sin embargo, aunque en la preparatoria logró cierto éxito jugando con su equipo, carecía de las notas y del dinero necesarios para asistir a Notre Dame, por no mencionar su tamaño y su físico. Ruettiger era mucho más bajo que la media de jugadores de fútbol americano. Y, por si fuera poco, su padre y su hermano mayor le hacían la vida imposible diciéndole que no sería capaz de lograrlo, que lo mejor era que siguiera trabajando en la empresa familiar.

Sin embargo, con poco talento pero con gran corazón, decidió entrenarse, estudiar y esforzarse como nadie más para poder convertirse en un buen alumno y en un jugador del gran equipo universitario de Notre Dame. Después de innumerables dificultades, Rudy consiguió su sueño y terminó jugando para el equipo universitario. Su hermano mayor en cambio, más talentoso, alto y fuerte pero sin sueños ni ansia de superación, terminó aplaudiendo a Rudy desde las gradas.

Su hermano mayor tenía mucho talento pero carecía de determinación. Rudy tenía poco talento pero su determinación le permitió superar sus debilidades; y es que un talento sin la determinación necesaria para sacar lo mejor de él no vale de nada.

SE NECESITA PRÁCTICA

Will Smith dijo: «No hay forma de evitarlo, tu talento va a fallar si no practicas, si no te esfuerzas, si no te dedicas a ser mejor cada día».

En 1985, Benjamin Bloom, profesor de educación en la Universidad de Chicago, publicó un libro titulado *Developing Talent in Young Groups*, en el que examinó varios factores que contribuían al talento. Realizó una mirada retrospectiva a la infancia de 120 artistas y atletas de élite que habían ganado competiciones internacionales o premios en los más diversos ámbitos. Sorprendentemente, en la investigación de Bloom no se encontraron indicadores tempranos que pudieran haber predicho el éxito de estas personas. Las pruebas sorprendentemente demostraron que los expertos en cualquier área determinada no nacen, se hacen.

LA REGLA DE LAS 10 000 HORAS

Malcolm Gladwell es un periodista, escritor y sociólogo canadiense. En su libro *Fueras de serie. Por qué unas personas tienen éxito y otras no,* demuestra indiscutiblemente que las personas que han logrado un éxito significativo en sus vidas han dedicado más de 10 000 horas a practicar y desarrollar sus talentos. Eso equivaldría a practicar algo continuamente sin dormir ni parar durante 417 días.

Cuando escribí el primer capítulo de este libro tenía 22 años y estaba empezando mi segundo curso universitario. No tenía ni la más mínima idea de qué era escribir un libro, simplemente creí que podría hacerlo. Entonces, escribí, escribí y escribí hasta que desarrollé lo que llevaba dentro. Mientras lo hacía tuve que enviar a la papelera de reciclaje muchos capítulos que no eran lo suficientemente buenos, pero estoy seguro de que la práctica, los errores y la constancia me permitieron desarrollar mi capacidad y como resultado ahora tienes este libro en tus manos.

Cada día es una oportunidad para desarrollar tu talento. Mientras los demás desperdician su tiempo, tú dedícate a ser mejor y mejor. La regla de oro es no irte nunca a la cama sin ser un poco mejor que ayer, porque cada talento que posees es una responsabilidad contigo mismo, con tu familia y con tu entorno. Depende de ti usarlo o desperdiciarlo.

Hace un tiempo leí un artículo sobre el éxito de Steve Jobs, donde el autor afirmaba que su triunfo había sido un golpe de suerte y que no era posible que existiera otro Steve. Lo que el autor quizás no sabía es que Jobs tuvo que pasar por muchas situaciones difíciles para desarrollar su talento como directivo. Los perdedores atribuyen el éxito de los demás a la suerte, los ganadores usan y entrenan sus talentos hasta alcanzar lo que quieren.

SÓLO PARA ALGUNOS

Es posible que alguien te haya dicho que no tienes talentos o quizás has pensado que no tienes los suficientes. Lo sé porque los seres humanos tenemos la mala costumbre de compararnos con los demás.

Si en alguna ocasión has pensado que no eres muy talentoso, el siguiente capítulo te será de gran ayuda. Mientras tanto, intenta identificar los talentos que tienes, y si tienes dificultad para encontrarlos puedes pedirle ayuda a tus amigos y familia. Una vez que los tengas identificados, escríbelos en tu Diario personal y piensa en un plan para desarrollarlos e implicarlos en algún proyecto.

Diario personal

Exteriorízalo

«El genio se compone del dos por ciento de talento
y del noventa y ocho por ciento de perseverante
aplicación».

Ludwig van Beethoven

Una noche tuve una conversación con mis amigos de la universidad. Hablábamos de famosos y personas que han tenido mucho éxito y Marta creía que las personas que han logrado sus grandes sueños lo han hecho porque nacieron con talentos innatos e intrínsecos y las personas que no han logrado destacar no lo han hecho simplemente porque no son suficientemente talentosas.

Mientras escuchaba a Marta empecé a recordar la bitácora de vida de un presidente de Estados Unidos que me enseñó que vale más la determinación que el mismo talento:

1831 - Fracasó con su negocio y terminó en bancarrota.

1832 - Fue derrotado en la legislatura.

1835 - Su novia y prometida murió.

1836 - Sufrió un colapso nervioso.

1836 - Fue derrotado en las elecciones.

1843 - Fue derrotado en las elecciones para el Congreso.

1846 - Volvió a ser derrotado en las elecciones para el Congreso.

1848 -Una vez más, volvió a ser derrotado en las elecciones para el Congreso.

1855 - Fue derrotado en las elecciones para el Senado.

1856 - Fue derrotado para ser vicepresidente.

1858 - Volvió a ser derrotado para el Senado.

1860 - Fue elegido presidente de los Estados Unidos.

Fue Abraham Lincoln.

Es muy fácil justificar el éxito de algunas personas atribuyéndolo solamente a los talentos. Lo cierto es que siempre que conozco a una persona exitosa, descubro que hay miles de horas detrás de preparación, sudor y lágrimas. Es en realidad la determinación por querer superarse lo que las convierte en triunfadoras.

Por otra parte, me he dado cuenta de que los fracasados desarrollan una increíble capacidad para poner excusas de por qué son fracasados.

Cuando estaba en el colegio, algunas de las chicas más guapas solamente salían con chicos con coche. «Seguro que sale con él sólo porque tiene coche y mucho dinero», decían mis amigos. Quizás esa afirmación no estaba muy alejada de la realidad, pero lo cierto es que ninguno de ellos se atrevió nunca a decirle «Hola» a ninguna de esas chicas. No tenían determinación y por lo tanto nunca salieron con ninguna chica guapa.

UNA LECCIÓN SOBRE LA DETERMINACIÓN

Cuando era pequeño y traía malas notas a casa, mi padre se ponía de muy mal humor.

—¡Cómo es posible que traigas estas notas y tus compañeros tengan sobresalientes! —decía mi padre.

Yo agachaba la cabeza y simplemente creía que no era muy inteligente.

—¿Sabes? Thomas es hijo de un señor con el que estoy haciendo negocios y él siempre lleva excelentes notas a casa. ¿Por qué tú no? —insistía él.

Esta conversación se repetía año tras año y mi mente fue programada con el siguiente mensaje: «No eres inteligente, Thomas sí».

Años después me cansé de creer que no era lo suficientemente bueno y me dije a mí mismo que quizás no fuera tan talentoso como Thomas, quizás no fuera tan inteligente como mis compañeros, pero que a pesar de eso no iba a ser un perdedor. Y dicho eso me propuse esforzarme más que nadie en todo lo que emprendiera. Los años han pasado y, aunque ya no soy compañero de Thomas, el gallina que llevo adentro a veces me dice:

—Pero ¿crees que tu libro va a ser mejor que el de esos tipos que salen en televisión y son superfamosos? Y si no consigues esa financiación que necesitas para crear esta nueva empresa, ¿qué harás?

Entonces le contesto al gallina que llevo adentro:

—Quizás no sea tan buen escritor, quizás fracase en este negocio, pero no voy a ser un perdedor.

La determinación vale más

La determinación es aún más importante que los talentos mismos. Haber visto a grandes perdedores con grandes talentos me permite afirmar que vale más la determinación que el talento.

Michael Jordan, mi deportista favorito, dijo una vez: «He fallado más de 9 000 tiros en mi carrera. He perdido casi 300 juegos, 26 veces han confiado en mí para el tiro que ganaba el juego y lo he fallado. He fallado una y otra vez en mi vida, pero nunca me he dado por vencido. Y es por eso por lo que he tenido éxito en la vida».

En lo personal, cuando los medios de comunicación me preguntan qué consejo les daría a todos los emprendedores siempre les contesto lo mismo: «Decide ser una persona con determinación».

Quizás no seas el más talentoso, quizás no seas el mejor. Pero no eres un perdedor, eres diferente y eso te hace especial. ¡No lo olvides!

UN EJEMPLO DE DETERMINACIÓN

«Lo único que noto que es realmente diferente en mí es que no tengo miedo a morir en una cinta de correr. Podrás tener más talento que yo, podrás ser más inteligente que yo, pero si subimos juntos a una cinta de correr hay dos posibilidades: o te vas a bajar primero o me voy a morir corriendo. Es así de sencillo» (Will Smith).

Diario personal

Decisiones difíciles: Contratación

«Donde hay una empresa de éxito, alguien tomó
alguna vez una decisión valiente».
Peter F. Drucker

Una viuda muy trabajadora que tenía sirvientas jóvenes
acostumbraba a despertarlas para que comenzaran
su labor de madrugada, con el canto del gallo. Éstas,
rendidas por el continuo cansancio, decidieron matar
al gallo, pues pensaban que era el causante de sus
males al despertar de madrugada a la señora. Sin embargo, después de hacerlo, cayó sobre ellas una desgracia aún peor, pues la señora, al no saber la hora
por el gallo, las despertaba para el trabajo de noche.
Así, para muchas personas que no reflexionan antes
de actuar, sus propias decisiones se convierten en la
causa de sus problemas.

Es necesario tomar decisiones correctas cuando se tiene la responsabilidad de liderar una empresa o un equipo, porque todo lo que decides afecta a la vida de alguien más. Quizás te parezca demasiado simple, pero la mayoría de emprendedores cometen los mismos errores con sus equipos de trabajo y, a menudo, escucho a personas decir: «Ojalá hubiera sabido esto hace 20 o 30 años». Uno de los objetivos de este libro es ahorrarte malas decisiones en el futuro.

En capítulos anteriores he hablado sobre la importancia de la pasión pero, si bien es importante amar lo que haces, también lo es tomar decisiones correctas dentro de tu empresa u organización. Trataremos dos decisiones que son de absoluta importancia para formar excelentes equipos de trabajo: cómo contratar y cómo despedir.

DECISIONES DE CONTRATACIÓN

Tu objetivo debe ser crear una organización fuerte y atractiva donde las personas deseen trabajar. Una buena manera de empezar a formar esos increíbles equipos es tomando excelentes decisiones desde el primer momento en que contratas a una persona. A continuación te ofrezco algunos consejos que te serán de gran utilidad.

Escoge sabiamente

Decide cuidadosamente quién va a trabajar en tu organización porque de ello depende el crecimiento de tu empresa. Tienes dos opciones: o los contratas tú o lo hace otra persona. En todo caso siempre es bueno que aprendas a hacerlo. Existe una ley llamada «La ley de los tres»: tómate tu tiempo para seleccionar a la persona indicada, pero siempre entrevista por lo menos a tres candidatos. Aunque la primera persona te haya impresionado, oblígate a entrevistar a otras dos, ya que tu selección será mejor cuantas más personas entrevistes, y de esta manera te estarás asegurando de tomar la decisión correcta.

Equipos de ensueño

No te confundas, crear un buen ambiente de trabajo no significa ser perezosos y pasarse el día contando chistes. Las personas altamente efectivas necesitan estar rodeadas de personas igualmente sagaces. Es de vital importancia porque no puedes mezclar en tu organización jugadores de primera categoría con jugadores de segunda y tercera. Si lo haces, los de tercera terminarán contagiando a los demás.

Siempre creí que no era bueno trabajando en equipo. En el colegio detestaba hacer trabajos en grupo, así que llegué a creer que era un lobo solitario. Sin embargo, cuando empecé a trabajar en proyectos con otros emprendedores efectivos y altamente enfocados, me di cuenta de que en realidad era muy bueno trabajando con otras personas y nuestro rendimiento era increíblemente superior trabajando juntos que solos. No lo olvides, crea un equipo de primera clase, y verás cómo no sólo tú y tu empresa se volverán mejores, sino también el ambiente de trabajo mejorará significativamente.

MENOS ES MÁS

Si estás creando una *startup* o una pyme debes saber que, en cuanto a equipos de trabajo se refiere, menos es más. Es mejor tener pequeños grupos de personas extremadamente buenas, porque las decisiones se pueden tomar más rápidamente y los tiempos de espera para las nuevas ideas son menores. En términos simples: tu empresa crece más rápido. Amazon.com tenía una regla llamada «De las dos pizzas»: los equipos no podían estar formados por más personas de las que se podían alimentar con dos pizzas en el caso de que tuviesen que quedarse trabajando hasta tarde. Algo similar hacía Jobs en los inicios de Apple con las plantillas reducidas a un máximo de 100 empleados.

Cuando empecé a construir Niños Emprendedores, una de las primeras tareas que tuve fue contratar a un profesor que pudiera transmitir a los niños los valores que queríamos enseñarles. Cuando se presentaron las primeras personas para la entrevista de trabajo, se llevaron la sorpresa de que no la realizaba yo, sino tres niños. Esto los tomaba por sorpresa, puesto que venían bien vestidos, con su currículum en mano, esperando a que les hiciera una serie de preguntas difíciles y teóricas. Sin embargo, la entrevista de trabajo consistía solamente en una pregunta formulada por estos peculiares entrevistadores que, sentados en una pequeña mesa, les decían: «Cuéntanos un cuento». Entonces los profesores tenían que improvisar y hacer su mejor esfuerzo para ganarse su atención. Los resultados fueron variados, pero casi todos positivos, a excepción de uno de los niños que fue tan exigente que puntuó con 0 a varios profesores.

No hay que buscar un currículum impresionante a la hora de contratar, hay que buscar personas con el suficiente sentido común como para poder resolver problemas. Enfrentar a un trabajador potencial a pruebas originales te permitirá conocer realmente lo que lleva dentro y no sólo sus conocimientos teóricos o curriculares.

Comparte tu visión

Muchas personas odian sus trabajos porque trabajan por un sueldo y no por una visión. Tu trabajo como líder debe ser transmitir tu visión a cada una de las personas que trabajen contigo. Si lo piensas bien, ellos también quieren cambiar el mundo, ellos también tienen sueños, su visión no es muy diferente a la tuya. Dales un motivo por el cual trabajar duro y entonces estarás sacando lo mejor de cada uno de ellos.

Diviértanse

¿Por qué muchas personas odian su trabajo? Creo que es porque se trata de un sitio al que están obligados a ir todos los días, donde no disfrutan y donde, probablemente, no los hacen sentir bien.

El mejor barómetro para saber si tienes un buen ambiente de trabajo es sencillo: fíjate en el grado en el que las personas ríen y disfrutan. En las mejores empresas del mundo las personas disfrutan, cuentan chistes, bromean con sus compañeros y se sienten bien consigo mismas. Como consecuencia esa satisfacción personal se transmite en los resultados de su trabajo.

Diario personal

Decisiones difíciles: Despido

«Reflexiona con lentitud, pero ejecuta
rápidamente tus decisiones».
Isócrates

La otra cara de contratar es despedir, y el despido cons-
tituye una decisión mucho más difícil de tomar. Sin
embargo, cuando está claro que la persona a la que
contrataste no está haciendo su trabajo, tu responsabilidad es despedirla lo más rápido posible. No es fácil
dejar ir a alguien en quien confiaste, pero es necesario
hacerlo para construir empresas exitosas.

Confía pero supervisa

Cuando tenía 17 años, contento con el éxito que había
tenido en mi primer negocio de diseño gráfico, decidí

aprender a trabajar sin ganar dinero, así que creé una organización no lucrativa en mi colegio con el objetivo de invertir los fondos que generásemos en proyectos que ayudaran a los estudiantes.

Designé a Juan como tesorero de la organización. Los primeros meses fueron increíbles y estaba muy contento por los resultados que estábamos obteniendo. Pero conforme fue avanzando el tiempo, los estudiantes empezaron a hacer comentarios negativos sobre el uso que hacíamos del dinero. Yo sabía que estaba siendo íntegro y que el dinero estaba ahí, así que me molestaban mucho esos comentarios. Confiaba plenamente en cada uno de los miembros de la organización. Hasta que un día, hablando con Juan, le pregunté:

—Juan, ¿tienes idea de por qué la gente hace esos comentarios?

—No lo sé, probablemente hablan porque tienen envidia. Ya sabes cómo son algunas personas —me contestó Juan.

Las semanas pasaban y mi preocupación seguía creciendo al mismo ritmo que lo hacían los malos comentarios. Un día decidí visitar a la directora del banco en el que teníamos domiciliada la cuenta bancaria de la organización. Mientras me enseñaba los últimos pagos que se habían hecho, me di cuenta de que las personas receptoras de esos pagos tenían el mismo apellido que Juan. Creo que mis ojos se pusieron así (OO) cuando descubrí la desviación de fondos que había estado haciendo a escondidas. Me sentí profundamente humillado y traicionado por Juan. Cuando le pregunté por qué lo había hecho, simplemente contestó:

—Sólo lo tomé prestado para algunos familiares. Tenía pensado devolverlo.

Juan fue despedido inmediatamente del equipo de trabajo. Aunque esta organización estudiantil no era una empresa, me enseñó la primera lección sobre la importancia de seleccionar a buenas personas. Quizás Juan nunca hubiera robado dinero si yo hubiera supervisado más de cerca su trabajo. A pesar de eso, aprendí esta gran lección: confía, pero supervisa.

Es difícil pero necesario

Ser justos y honestos con las personas que trabajan contigo es una de las responsabilidades más importantes de un empleador, pero la responsabilidad del trabajador hacia su empresa es igualmente importante.

Despedir es necesario cuando un trabajador no quiere adecuarse a las reglas de la empresa. Creo que la película que mejor ilustra el tema de los despidos es *Up in the air,* donde George Clooney interpreta a un ejecutivo que es la estrella de una empresa que se dedica a despedir a los empleados de otras compañías. A lo largo de la película vemos lo difícil que es para un empleador despedir a alguien, pero también que es aún más difícil para la persona que se enfrenta al despido.

Es sumamente importante que aprendas a ser sabio en tus decisiones, y más cuando se trate de la vida de otras personas. En los siguientes puntos te mostraré algunas de las cosas que debes tener en cuenta cuando te enfrentes a decisiones de este tipo.

IDENTIFICA CUÁL ES LA CAUSA DEL PROBLEMA

Gianluca era un empleado con un cargo medio en una empresa de producción. Aunque siempre había sido un trabajador excepcional, su rendimiento había decrecido en las últimas semanas. El presidente de la empresa decidió despedirlo sin más y le designó esta tarea a uno de sus encargados. Éste le pidió que lo reconsiderara, pero el presidente de la empresa no estaba dispuesto a escuchar porque, según él, tenía demasiados asuntos pendientes. Días después, se percató de que Gianluca seguía trabajando en la empresa, entonces furioso mandó a llamar al encargado de planta al que había encomendado que lo despidiera.

—¿Por qué no lo has despedido? —gritó el presidente.

—Verá, señor, si usted decide despedir a Gianluca tendrá que despedirme a mí también —le contestó el encargado mirándolo fijamente a los ojos. El presidente quedó estupefacto ante esa respuesta.

—Comprendo que esté molesto por el bajo rendimiento que ha mostrado Gianluca últimamente, pero su mujer está muriendo de cáncer y tienen tres hijos. Él hace todo lo que puede. Lo primero que hace al salir de trabajar es ir a ver a su esposa y además de eso tiene que hacerse cargo de sus pequeños. Ha hablado conmigo y me ha pedido hacer horas extras para poder sufragar todos sus gastos. Creo, señor, que si usted decide despedirlo debería despedirme a mí también.

Gianluca no sólo no fue despedido, sino que, además, su jefe le redujo el horario y se ofreció a darle dinero para ayudarle en su situación.

Es importante que identifiques cuál es la causa por la que un trabajador no está rindiendo como debería. Pero si, al contrario que en el ejemplo de Gianluca, la causa del problema es que no hace bien las cosas por mediocridad, pereza o falta de esfuerzo no dudes en dar el siguiente paso.

TODO EL MUNDO MERECE UNA OPORTUNIDAD

¿Quién no ha hecho algo mal en su vida? Todos merecemos una segunda oportunidad. Habla personalmente con la persona que está dando problemas en tu organización y hazle ver cómo su conducta perjudica a la empresa y a sus compañeros. Déjale muy claro que le estás dando una segunda y última oportunidad.

La persona que lo contrató debe despedirlo

Si nada de lo anterior funciona, debes dejar ir a esta persona. En muchos casos es lo mejor para ambos, ya que a veces las personas no trabajan bien porque no están en el sitio o puesto indicado. Lo más recomendable es que la misma persona que lo contrató le comunique la decisión de despido y le explique cuáles han sido las causas por las que se ha tomado la decisión.

No lo destruyas emocionalmente, no discutas el pasado

Somos personas y tenemos sentimientos. El hecho de que alguien no haya hecho bien su trabajo no es motivo para que lo denigres. Debes tener tacto para hablar con la persona, ser claro, escueto y no perder el tiempo discutiendo sobre el pasado; más bien deséale lo mejor para su futuro.

Conclusión

Decidí incluir en este libro los temas de contratación y despido porque, a pesar de que muchas personas que lo leen no son empresarios aún, no creo que tarden mucho en iniciar sus propios proyectos. Estas dos nociones pueden parecer muy básicas para algunas personas, pero son los cimientos de las grandes decisiones, los que convierten una pequeña empresa en otra extremadamente grande.

No importa si aún eres muy pequeño o eres ya un gran empresario, lo esencial es que recuerdes siempre que cada pequeña decisión es un detalle que cuenta para convertirte en un gran ganador.

Diario personal

Volando alto

«Sólo aquellos que vuelan alto alcanzan
sus sueños».
Osvaldo Carnival

Musk nació y fue criado en Sudáfrica por su padre, un
ingeniero sudafricano, y su madre, una nutrióloga y modelo canadiense. Cuando aún era joven sus padres se
divorciaron y se vio obligado a mudarse a Canadá con
su madre. Su padre le dijo que no le pagaría la universidad salvo que ésta estuviera en Sudáfrica. Sin embargo, Musk consiguió una beca para estudiar administración de empresas y física en la Universidad de
Pensilvania. Una vez terminada la universidad decidió
que era momento de volar alto e, inspirado por innova-
dores como Nikola Tesla, decidió entrar en tres áreas
que él consideraba que eran «problemas importantes»,
como luego indicaría él mismo: «Una de ellas era internet, otra la energía renovable y la otra era el espacio».

Poco tiempo después fundó con su hermano Zip2, una empresa que daba servicios web a compañías de medios de comunicación, y cuatro años después la vendieron a una subsidiaria de Compaq, por más de 300 millones de dólares.

Después de vender su primera compañía, cofundó x.com, una empresa de servicios financieros y pagos por e-mail, que un año después adquirió a Confinity, naciendo entonces una empresa de servicios financieros por internet, que cambiaría su nombre a PayPal, y que en 2002 sería comprada por eBay por 1,500 millones de dólares. Ese mismo año decide fundar Space Exploration Technologies, mejor conocida como SpaceX, una compañía que desarrolla y fabrica cohetes, lanzaderas y aeronaves para misiones espaciales en órbita terrestre. Al retirarse el transbordador espacial de la NASA en 2011, SpaceX consiguió un contrato con el gobierno de los Estados Unidos para proveerles de servicios aeroespaciales; actualmente esta empresa se encarga de transportar mercancía a la estación espacial internacional.

En 2003 cofunda Tesla Motors, una compañía que diseña, fabrica y vende coches eléctricos y componentes para la propulsión de vehículos electrónicos. En la actualidad Tesla Motors ha ganado una amplia atención al producir el primer coche en serie deportivo y un sedán de lujo totalmente eléctrico que sueña en convertirse en el coche que todos deberíamos usar.

En el año 2006 invirtió en la empresa de su primo SolarCity, una compañía de energía solar que se ha convertido en la mayor empresa proveedora de sistemas de energía solar en Estados Unidos. Su objetivo es extender la energía solar y hacerla lo más asequible posible.

Elon Musk es probablemente el emprendedor más prolífico del mundo contemporáneo. Ha volado tan alto que incluso a llegado al espacio.

EXTIENDE TUS ALAS

Todo el mundo necesita volar alto. Mi padre siempre lo decía: «Es mejor apuntar alto y quizás no darle a tu objetivo que apuntar siempre a lo bajo». Yo me quedaba con el quizás, esa posibilidad de alcanzar objetivos ya era suficiente, saber que había opciones era algo increíble.

Todos necesitamos desafíos en nuestras vidas; si tus desafíos son grandes crecerás, tu vida cambiará y tu perspectiva será mucho mejor. Como decía Jim Rohn: «Quien no necesita gran cosa, no llega a ser gran cosa».

No es fácil alcanzar grandes metas, pero eso no es excusa para estancarse en lo pequeño. Los desafíos fáciles, por lo general, te vuelven mediocre. Las personas que deseen tener éxito en los negocios no pueden permitirse estancarse, tienen que volar aún más alto. El famoso pastor Joel Osteen usa una frase con la que no podría estar más de acuerdo: «Lo bueno es enemigo de lo mejor».

Siempre hay algo mejor esperándote a la vuelta de la esquina. Puedes ser más feliz, tu empresa puede ir mejor, tu familia puede estar más unida, puedes perdonar al que te ofendió, puedes vivir más plenamente... Cada minuto cuenta, no lo desperdicies porque lo mejor aún está por venir.

SUBE DE NIVEL

—Se han descargado 30 000 copias de mi libro —le dije a un amigo unos meses después de publicar la versión corta de este libro en el iTunes Store. En aquel momento, 30 000 copias eran como 30 millones para mí. Estaba tan emocionado que decidí buscar una editorial. A pesar de que sabía lo extremadamente difícil que es que una editorial se interese por un libro, decidí intentarlo. En ese entonces se descargaban ya más de 1 000 libros al día y, aunque el libro no era de pago, esas cifras eran muy buenas. Meses después conseguí hablar con un editor.

—Nos gusta tu libro —me dijo—, pero si quieres que lo publiquemos tienes que trabajar en tu marca personal. Las personas tienen que saber quién eres, debes tener por lo menos veinte mil seguidores en tus redes sociales, dar muchas charlas; en definitiva, ser famoso. Aunque tu libro tenga muchas descargas, estas no significan nada para nosotros, porque los libros gratuitos no reflejan el número de lectores reales. Así que te recomiendo que termines de escribir el libro y que consigas muchos seguidores. Cuando lo hayas hecho, llámanos.

Dicho eso, terminó la reunión.

«No sólo se trata de escribir bien, sino que además también debo ser famoso antes de publicar nada», me dije a mí mismo. Me sentía frustrado y el gallina que llevo dentro me decía que no era posible ni siquiera intentarlo. Volverse famoso era una tarea demasiado grande, y me parecía una estafa que apreciaran más la fama de una persona que un buen libro. Afortunadamente nunca dejo que ese gallina influya en mis decisiones, así que empecé a pensar que en realidad me estaban dando una oportunidad para crecer, para subir de nivel, para volar más alto. Debía renunciar a mis pensamientos pequeños y pensar aún más en grande. Existía una posibilidad de que todo saliera bien y eso era más que suficiente.

Finalmente no firmé con esa editorial, pero aprendí una gran lección: siempre puedes ir por más. El reto que ellos me plantearon me ayudó a escribir mejor y a buscar una editorial aún mejor. El resto de esta anécdota es historia, ya tienes el libro en tus manos.

Los robles fueron creados para estar en bosques donde puedan echar raíces y crecer grandes y fuertes, pero si siembras una semilla de roble en una maceta lo que obtendrás como resultado será un bonsái.

Todos llevamos una semillita de grandeza en nuestro interior, pero para que las semillas crezcan se requiere de tres factores: buena tierra, agua y sol. Creo que las personas que deseen desarrollar lo mejor de sí mismas necesitan estas mismas características: la tierra representa el entorno en el que te encuentras, las personas con las que te rodeas y trabajas; el agua representa todo aquello de lo que aprendes, todas aquellas influencias que se vierten sobre ti y te hacen crecer, tus mentores, las personas inteligentes y sabias que te guían en tu camino hacia el éxito; por último, el sol, cuando pienso en él pienso en esos días de verano que representan la diversión, la felicidad, porque si no disfrutas lo que haces, difícilmente podrás crecer.

DIME CON QUIÉN ANDAS Y TE DIRÉ QUIÉN ERES

Cierto día, un biólogo pasó por una granja y su sorpresa no pudo ser más grande al ver un águila mezclada con las gallinas. Al preguntarle al granjero, éste le explicó que varios meses atrás se había encontrado un huevo de águila en una montaña y había decidido llevárselo y ponerlo junto con sus huevos de gallina. Al cabo de un tiempo el animal nació y conforme iba creciendo aprendió a cacarear, a escarbar la tierra, a buscar lombrices y a subir a las ramas más bajas de los árboles, al igual que los demás pollitos. El biólogo indignado insistió en comprarle el águila con complejo de gallina. Después la llevó a una montaña, la cogió en sus brazos y le susurró: «Eres un águila, no una gallina», pero el águila sólo dio un salto hasta el suelo. Tengo que llevarla más alto, pensó, por lo que siguió subiendo la montaña y lo volvió a intentar: «Eres un águila, no una gallina». Pero de nuevo dio un salto hasta el suelo y siguió con su comportamiento de pollo. Lejos de desanimarse, el biólogo decidió llevarla al punto más alto de la montaña, al mismo sitio donde había sido encontrado su huevo. Allí, en lo más alto, donde las corrientes de viento son fuertes y la visión es amplia, le dijo mirándola a los ojos: «Eres un águila, no una gallina». Entonces, algo ocurrió en el interior de aquella majestuosa águila: extendió sus grandes alas y alzó el vuelo. Recobró su identidad, su personalidad. Recordó que era un águila.

Para volar alto es necesario rodearse de personas que quieran hacerlo también. Si te rodeas de gallinas terminarás cacareando y creyendo que eres una de ellas. Una de las claves para poder desarrollar todo tu potencial se encuentra en tu entorno: para triunfar en la vida y en los negocios es necesario caminar en compañía de quienes conviene y evitar las amistades tóxicas.

Si tus amigos son indisciplinados, negativos, pesimistas, envidiosos y carecen de carácter, tarde o temprano sus malas costumbres terminarán contagiándote y no podrás volar alto. No puedes rodearte de personas mediocres y esperar que tus resultados sean excepcionales. La semilla que llevas dentro debes plantarla en buena tierra, de lo contrario no podrás crecer. Debes convertirte en un águila y dejar de escuchar a las gallinitas que constantemente te encuentras en la vida.

Cuando me propuse escribir este libro, muchas gallinas se me acercaron y me dijeron que no lo hiciera, que no era el momento, que no era posible, que era muy difícil, que era muy joven... Pero era demasiado tarde, ya había visualizado mi sueño y no había vuelta atrás.

Cuando una gallina se acerque a ti, y te diga que no lo hagas, que ese sueño es muy grande para ti, simplemente dile: «Lo siento, ya es muy tarde, ya lo he visto, no hay vuelta atrás».

Eres un águila, no una gallina.

Diario personal

El poder
del enfoque

«La concentración es el secreto de la fuerza
en la política, en la guerra, en el comercio,
en definitiva, en toda la gestión de los asuntos
humanos».
Ralph Waldo Emerson

A los 23 años renunció a su trabajo para comenzar
a construir su propio futuro. Con lo que había ahorrado,
más lo que recibió de su último empleo, acondicionó
una vieja casa en donde montó su taller y poco tiempo
después nació la empresa Matsushita Electric Industrial
Co., Ltd. Durante los primeros años de su recién creada empresa mercadean lámparas de bicicletas, plan-
chas eléctricas, y más tarde radios y baterías eléctricas.

Para cuando estalló la Gran Depresión de 1929
la empresa ya tenía un tamaño considerable y contaba

con cientos de empleados. En medio de la crisis económica el despido masivo de trabajadores se volvió una práctica común en las empresas de todo el mundo. Pero Matsushita era un guerrero de los negocios, y de los que no se rinden hasta entregar la última gota de sangre. En ese periodo difícil de crisis, cuando las ventas caían abismalmente, decidió tomar el puesto de su gerente de ventas para revertir la situación. En persona, visitó uno por uno a sus clientes. Quitó personal de producción y lo destinó a ventas, mantuvo el empleo a sus trabajadores y además les respetó el salario. Todo el equipo trabajó largas jornadas, de lunes a lunes, pero en poco tiempo liquidaron todas las existencias y aumentaron la producción.

Gracias al poder del enfoque de Kanosuke Matsushita su compañía sobrevivió a la Gran Depresión, ninguno de sus empleados fue despedido y, por si fuera poco, dio participaciones en las ganancias de la compañía y diversos servicios sociales a sus empleados. Años después su empresa cambió de nombre, la actual Panasonic Corp.

TOMA NOTA

Cuando un emprendedor da un paso de fe y empieza su actividad empresarial debe ser consciente de que el poder del enfoque es el que le permitirá sobrevivir a la estadística: nueve de cada diez negocios fracasan en sus primeros cinco años de vida.

Los emprendedores que aman la excelencia tienen muchas probabilidades de sobrevivir a estas estadísticas y, aun cuando no puedan superarlas, la fuerza del enfoque les permite usar sus energías para volver a empezar. Los emprendedores mediocres detestan enfocarse y la falta de carácter es lo que no les permite tener éxito en sus proyectos. Es así, el poder del enfoque nace de la excelencia.

BUSCA LA EXCELENCIA

Creo que para tener éxito en los negocios basta un poco de inteligencia y mucho sentido común, porque no se trata de ser extremadamente inteligente, se trata de tener el suficiente sentido común para saber que las cosas tienen que hacerse lo mejor posible; bien no es suficiente, para ser excelentes debe ser lo mejor. La excelencia te vuelve único, auténtico y diferente. Quizás no has dado lo mejor de ti en otras ocasiones alegando que no tenías dinero o tiempo suficiente para dedicarte a conseguir la máxima calidad en lo que hacías. Lo cierto es que para trabajar con excelencia solamente necesitas poner todo tu corazón en ello.

Cuando se me ocurre una idea para hacer algo suelo preguntarme: ¿Cómo lo puedo hacer excelentemente? Si no puedo contestar a esa pregunta desecho esa idea; no me sirve, no es buena. Si, por el contrario, soy capaz de contestarla y encontrar la manera de que mis futuros clientes se sientan únicos, auténticos y diferentes, es que he dado en el clavo de algo grande. Hacer las cosas con excelencia te permite mantener el rumbo, mantener el rumbo te permite concentrarte y mantenerte concentrado te permite encontrar el poder del enfoque.

NECESITAS UN OBJETIVO

Sin un objetivo es imposible enfocarse. Cuando era pequeño el colegio me importaba un pepino, no me interesaba. Mi cuerpo estaba en el aula pero mi mente estaba en Júpiter. En esa época desarrollé una especial capacidad para dibujar, llegué a llenar cuadernos enteros durante las clases de matemáticas. No tenía enfoque, por ende era un alumno mediocre que sobrevivió estudiando un día antes de los exámenes hasta que el nivel de dificultad aumentó y tuvo que repetir en dos ocasiones seguidas primero de bachillerato.

Quise dejarlo, estudiar no era para mí. Sin embargo, mi padre habló conmigo, me dijo que estaba estudiando algo que no se adecuaba a mis talentos y por lo tanto no era capaz de poner mi interés en ello. Él sabía que yo era un emprendedor, así que me retó a enfocarme en el marketing porque, según él, mi creatividad estaría bien direccionada hacia ese tipo de estudios.

—Si estudias esta carrera encontrarás las herramientas que necesitas para ser rico —me dijo.

Decidí hacerle caso y al final terminé mis estudios secundarios con buenas notas; fue una sensación increíble.

Probablemente este ejemplo parezca infantil, pero lo cierto es que estas situaciones se presentan a lo largo de toda nuestra vida. Nos embarcamos en trabajos y proyectos que no nos apasionan y no nos permiten sacar lo mejor de nosotros. Esto ocurre muchas veces por no tener un objetivo definido.

Necesitas encontrar un objetivo. Piensa por un momento en todas las metas que tienes en tu cabecita, dime cuál es la más grande y yo te diré cuál es tu objetivo.

El enfoque y la felicidad

Las personas sin una dirección en la vida se levantan cada día siguiendo una rutina diaria que en realidad no las lleva a ninguna parte más que a sobrevivir y a ser infelices. La falta de dirección no les permite enfocarse en cosas mejores. Estoy convencido de que el enfoque consiste en perseguir un objetivo hasta alcanzarlo. El problema es que muchas personas persiguen un objetivo, pero se cansan de no llegar a él en el tiempo que ellos quisieran. No los culpo, la parte «hasta alcanzarlo» es muy difícil y puede llevar muchos años. Es por eso por lo que tus objetivos deben ser acordes a tus sueños, porque de esta manera te encontrarás persiguiendo siempre un objetivo que te hace feliz.

Tenía 21 años, estaba en Madrid y me encontraba en una situación en la que nunca había estado antes: no tenía dinero y no tenía adónde ir. Me habían echado de la residencia universitaria por retrasarme en mis pagos, sólo podía pagar una noche en un hostal antes de quedarme sin nada en el bolsillo y sólo tenía un amigo en el que confiaba lo suficiente como para pedirle el favor de quedarme en su casa. Por si fuera poco, el padre de mi amigo sólo me permitía estar en su casa dos días como máximo.

Aquella noche pasé horas llorando en mi cama y lamentándome por mi situación. Pero mamá y papá no estaban, tenía que madurar. Aunque esa situación me resultaba realmente difícil, empecé a recordar cuál era mi objetivo y comencé a pensar en las cosas buenas que podría obtener pasando por esta experiencia. En el futuro valoraría más las cosas que tuviera, tendría una anécdota que contar y, lo mejor de todo, si algún día me hiciera rico podría contar esa anécdota e inspirar a muchas personas.

Me vi en el espejo y me di cuenta de que las lágrimas se habían secado. Ya no me sentía triste, al contrario, curiosamente me sentía bastante contento. Empecé a verlo todo como cuando juegas al Monopoly y caes en la cárcel, tan sólo tienes que esperar un par de turnos para ponerte en marcha de nuevo. Recordé cuál era mi objetivo, el mismo objetivo que me había llevado a esa situación. Sabía que lo que estaba viviendo era temporal, comprendí que debía enfocarme...

El poder del enfoque te permite ser feliz.

Diario personal

Hábitos de campeón

«La vida no es más que un tejido de hábitos».
Henri-Frédéric Amiel

Brent Vouri estaba seguro de que iba a morir. Sufría una enfermedad respiratoria que había llevado sus pulmones al extremo. Una noche tuvo un ataque de asma tan grave que le provocó un coma que duró quince días. En ese tiempo Brent perdió 20 kilos y cuando despertó no pudo hablar durante dos semanas. Aun así, sobrevivió.

Mientras su delicado estado de salud lo tenía postrado en una cama de hospital, tuvo tiempo para reflexionar acerca de su vida. Siempre había sido un niño con energía, a pesar de su enfermedad, pero se sentía condicionado por ella, ya que no podía jugar al hockey o patinar como los otros niños. Cuando tenía 10 años sus padres se divorciaron y sus frustraciones hicieron que al poco tiempo comenzara a consumir drogas, alcohol y a fumar 30 cigarrillos al día. Abandonó el colegio y, aunque su salud empeoraba cada vez más, la ignoró hasta que su cuerpo se rindió y cayó en coma. Esa noche, Brent decidió: «Ya no más; quiero vivir».

Su determinación se fue fortaleciendo hasta que pudo salir del hospital. Entonces, elaboró un plan para mejorar su vida. Se inscribió en un programa de acondicionamiento físico y tres años después se convirtió en instructor de aerobics. Pero su plan no acabó aquí: terminó el bachillerato y se graduó para entrar en la universidad. Después, con un amigo, creó su propia empresa de ropa deportiva, Typhoon Sportswear Ltd. Al principio contaba sólo con cuatro empleados, pero hoy en día es una compañía millonaria que cuenta con 66 empleados, así como una red de distribución internacional que provee a clientes como Nike.

La decisión de tener mejores hábitos cambió el rumbo de vida de Brent Vouri. ¡Del cero a la izquierda de ayer al héroe de hoy!

Es tiempo de cambios

Tu vida es el resultado de un conjunto de hábitos que desarrollas a lo largo de los años. Si cultivas buenos hábitos tus sueños se harán realidad, de lo contrario es muy probable que no los veas cumplirse jamás. Las personas altamente exitosas están donde están como resultado de sus hábitos. Todo lo que llegues a ser estará determinado por la calidad de tus hábitos de hoy.

En los próximos capítulos te contaré la historia de Michael Jordan, pero puedo adelantarte que él era el primero en llegar a los entrenamientos y el último en irse, tenía hábitos que ningún otro jugador cultivaba y eso lo convirtió en una leyenda del baloncesto. Él decía: «El éxito es el resultado de la aplicación cotidiana y hasta inconsciente de los buenos hábitos».

¿Qué hábitos definen tu vida? ¿Te esfuerzas en lo que haces o simplemente eres mediocre? Es probable que pienses que no estás dando todo lo que podrías dar de ti mismo. La buena noticia es que puedes empezar a adquirir y cultivar esos buenos hábitos que te convertirán en una persona exitosa. Creo que hay que sustituir, y no quitar, los malos hábitos que practicamos, porque sustituir algo malo por algo bueno siempre es más fácil y mejor. De hecho, este libro está desarrollando un hábito en tu vida y fue dispuesto para que así sea: 30 capítulos, uno para cada día durante un mes. Quizás no te habías dado cuenta pero todos estos días has estado teniendo la disciplina de desarrollar el hábito de la lectura. ¿Ves lo fácil que es adquirir un buen hábito?

El éxito en la vida ha sido estudiado por muchos filósofos y científicos. Ellos han llegado a una conclusión con la que no puedo estar más de acuerdo: las personas altamente exitosas practican hábitos altamente efectivos, y eso les permite ser diferentes a sus contemporáneos. He estudiado y seleccionado el *top ten* de los hábitos que podrán hacer de ti una persona más próspera y feliz, pero eso lo veremos en el siguiente capítulo, porque antes es necesario que conozcas algunos pasos que pueden ayudarte a desarrollar nuevos hábitos.

PASOS PARA DESARROLLAR NUEVOS HÁBITOS

Según los expertos, nos cuesta unos 21 días adquirir un nuevo hábito, aunque estoy seguro de que lo importante no son los días sino tu carácter y la disciplina por querer adoptar nuevas costumbres lo que te permitirá ver cambios tangibles en tu vida. Estos son algunos pasos que puedes tener en cuenta para adoptar nuevos hábitos.

- **Primero: piensa en las malas consecuencias** que producirán en el futuro tus malos hábitos de hoy. El impacto real de nuestros actos y hábitos quizás no se presente el día de mañana, ni el mes que viene, puede estar a años de distancia. Por ejemplo, las personas que fuman piensan: «¿Qué tiene de malo unos cuantos cigarrillos hoy?». Sin embargo, los días y los años pasan y 20 años después las radiografías de sus pulmones son determinantes.

- **Segundo: encuentra tu porqué,** la razón por la que vas a cambiar de hábitos, lo que quieres alcanzar. El porqué siempre es más importante, es el punto de partida y lo que nos permite entender qué nos motiva a seguir adelante.

- **Tercero: ten convicción,** nos permite adquirir el valor para cambiar nuestros hábitos. Por ejemplo, si necesitas bajar de peso has de tener la convicción de que todos los días debes cuidar lo que comes y hacer ejercicio, debes estar convencido de que si no lo haces no obtendrás resultados.

- **Cuarto: comparte tus motivaciones** sobre lo que quieres alcanzar. Contarles a los demás tus aspiraciones es una forma de obligarte a ser disciplinado. Por ejemplo, cuando estaba escribiendo este libro se lo dije a personas muy importantes en las que yo confiaba. Su confianza en mí me autodisciplinó para cumplir mi palabra.

- **Quinto: visualízate como si ya fueras exitoso,** cuanto más te imagines a ti mismo con tus nuevos hábitos cumplidos más fácilmente tu subconsciente se acostumbrará a ellos y se volverá algo automático.

- **Sexto: afírmalo cada día.** Afirma continuamente que lo lograrás. Declararlo continuamente incrementará drásticamente la velocidad con la que lograrás adquirir nuevos hábitos. Por ejemplo, cuando estoy entrenando en el gimnasio, continuamente me propongo superar la duración de mis ejercicios cardiovasculares. Cuando estoy en la cinta de correr y llevo 25 minutos me siento presionado a parar y descansar, pero me reafirmo y me digo a mí mismo: «No te detengas; sigue, ya has llegado muy lejos; tienes que superarte a ti mismo». Esas palabras de afirmación me permiten continuar trabajando y superarme.

- **Séptimo: sé persistente.** No hay nada como ser terco con tus convicciones. La persistencia es el común denominador de las personas exitosas. Sé persistente hasta que tus incomodidades se conviertan en comodidades.

- **Octavo: recompénsate.** Es como cuando empiezas una nueva dieta y tu nutriólogo dice: «Los domingos son tu recompensa, come lo que quieras». Todos tenemos la necesidad de ser recompensados por nuestros esfuerzos. Cada vez que sientas que estás adquiriendo un nuevo hábito, haz algo para recompensarte. Esto te dará la motivación que necesitas para seguir adelante.

Diario personal

El *top ten*
de los hábitos

«Las personas exitosas desarrollan diariamente
hábitos positivos que les ayudan a crecer
y a aprender».
John C. Maxwell

Las personas verdaderamente exitosas saben que la
vida es el resultado de una experiencia continua de
aprendizaje. Nunca se detienen y continuamente están
mejorando sus hábitos. Debes tener muy claro que son
tus hábitos de hoy los que definirán tus resultados de
mañana. Existen muchos hábitos que puedes desarrollar,
pero puedes empezar con estos diez que voy a enume-
rar a continuación. Poco a poco irán calando en tu vida
hasta que sean parte de ella. No te desanimes si al
principio sientes que es muy complicado, lo importante
es que te centres en los resultados que quieres alcanzar.

10. El hábito de la prudencia

Las personas ricas son cuidadosas con cada céntimo que poseen. Ellos saben cómo cuidar y administrar su riqueza. Nunca hacen gastos innecesarios y nunca invierten su dinero si pueden usar el de un inversor externo. Como dice Robert Kiyosaki, los ricos se dan lujos cuando son ricos, no antes.

Una de las razones que ha provocado la crisis económica se debe a que muchas personas descuidan el hábito de la prudencia y se dejan llevar por la ilusión de tener cosas que les otorgan un estatus social más elevado a costa de endeudarse para adquirirlas con dinero que en realidad no tenían y no podían pagar. Pongamos el ejemplo de una persona que quiere comprar un coche último modelo: una persona va y lo compra inmediatamente pagando un alto costo por la primicia de tenerlo antes que los demás. Sin embargo, alguien prudente espera unos cuantos meses más, porque así puede asegurarse de la calidad de ese producto. Cuando tiene la seguridad de que es una buena inversión va y lo compra. La mayoría de los coches pierden un 20% de su valor en cuanto salen del concesionario. Después de un año pierden hasta el 30% de su valor. Los coches siguen en excelentes condiciones y la persona prudente ha ahorrado mucho dinero simplemente aplicando el principio de la prudencia. El dinero que pudo ser destinado para el coche último modelo puede ser destinado para nuevas inversiones.

El hábito de la prudencia consiste en ser cuidadoso y sabio con cada peso que sale de tu bolsillo.

9. EL HÁBITO DE AHORRAR PARA INVERTIR

A todos nos han enseñado que es importante ahorrar, pero en realidad cuando decides ahorrar estás perdiendo dinero.

Imagina que en estos momentos depositas 20 mil pesos en el banco porque decides tener un colchón para el futuro y un año después decides usar tu dinero. ¿Podrías comprar las mismas cosas que hace un año? Por supuesto que no, porque esos 20 mil pesos tienen menos poder adquisitivo y por lo tanto tienes menos dinero que ayer. Los ahorros por lo general menguan al mismo tiempo que crece la inflación. Limitarse sólo a ahorrar no es aconsejable, porque el dinero está hecho para trabajar, no para reposar.

El hombre más rico de Babilonia es uno de mis libros favoritos en temas empresariales. Es la historia de un hombre que, cansado de ser pobre, decide ir en busca del consejo del hombre más rico de Babilonia, quien le desafía a que ahorre el 10% de todas sus ganancias durante un año y, una vez ahorrada esa cantidad, busque una inversión para ese dinero.

Y así le enseña que ahorrar para invertir es una decisión sabia.

Las personas que deciden ahorrar para hacer inversiones escogen el mejor tipo de riesgo que existe, el riesgo prudente. Sigue cultivando el hábito de ahorrar, pero usa este hábito para hacer inversiones que puedan mantenerte más seguro. Tu reto es el siguiente: guarda el 10% o 20% de todos tus ingresos durante un año y desarrolla el hábito de vivir con el 90% u 80% restante. Después de 365 días podrás hacer tus primeras inversiones. Si no lo has hecho antes puedes destinar un 10% para ahorrar y el otro 10% para futuras inversiones. Verás como dentro de poco estarás haciendo tus primeras grandes inversiones.

8. El hábito de planificar

Las personas exitosas planifican todo lo que hacen. Muchas personas quisieran que los días tuvieran más de 24 horas debido a su escasez de tiempo. Sin embargo, las personas que aprenden a planificar descubren que incluso les sobra tiempo para dedicarlo a las cosas que más les importan.

Esto es lo importante: Todas las noches haz una planificación de todas las cosas que harás al día siguiente y cíñete a los tiempos que has planificado para cada actividad; no sólo serás más productivo sino que descansarás mejor por las noches. Una vez que hayas dominado la disciplina de planificarlo todo por las noches, empieza a planificar tus semanas, meses e incluso años.

Muchos emprendedores tienen problemas para conciliar el sueño por las noches porque sus ideas o problemas no paran de revolotear en sus mentes. Esto se resuelve haciendo una simple lista de ideas, e incluso teniendo junto a tu cama diferentes listas de ideas para diferentes propósitos. La planificación activa de todas tus ideas y la disciplina de hacerlo serán de mucha ayuda para tu vida.

7. EL HÁBITO DE LA CONFIANZA

Nelson Mandela estuvo durante casi 27 años confinado en una prisión porque expresó su punto de vista sobre la segregación racial. Durante ese tiempo, su confianza en sí mismo fue puesta a prueba. Es un tributo a su fe así como a su convicción que al final triunfara y fuera elegido para ocupar el puesto oficial más importante en su país.

El hábito de confiar en ti mismo fortalecerá tu vida y te permitirá llegar aún más lejos en todas las cosas que emprendas. Sin embargo, seguramente te estés preguntando: «Sí, pero ¿cómo puedo confiar más en mí?». La verdad es que no existe una respuesta exacta para eso, pero la buena noticia es que puedes poner en práctica estos pasos para desarrollar tu confianza:

- **Recuerda cada día las cosas que has hecho bien.** En vez de pensar en las cosas que has hecho mal, recuerda que ya lo has hecho bien antes. Eres capaz, tienes talentos, eres inteligente; tienes todo lo que necesitas para hacer las cosas bien.
- **Lee libros que te inspiren.** Las personas de éxito también pasaron por las mismas situaciones que tú, no nacieron exitosos, se hicieron exitosos por el camino. Leer sus historias te inspirará y te enseñará que tú también puedes lograrlo.
- **Sé agradecido.** Todos nos enfrentamos a circunstancias difíciles. Deja de pensar en las cosas malas y haz un esfuerzo por pensar en todas las cosas buenas que tienes. Si es posible, ofrécete como voluntario en actividades orientadas a ayudar a los menos afortunados, poco a poco irás descubriendo lo afortunado que eres y empezarás a ser agradecido con todo lo que tienes. Cuantas más experiencias vivas, serás más sabio y tendrás má autoconfianza. Es tiempo de cambios, es hora de que te levantes de tu sofá, salgas, vivas tu vida y ayudes a mejorar la vida de los demás. Estoy seguro de que haciendo esto alcanzarás una gran confianza en ti mismo.

6. EL HÁBITO DE MANTENERSE HUMILDE

Es curioso, pero cuanto más humilde eres más famoso te vuelves porque todo el mundo adora a las personas humildes. Debes ser consciente de que no eres más ni menos que nadie. Me gusta cómo lo describe la Biblia cuando dice: «Antes bien con humildad, estimando cada uno a los demás como superiores a uno mismo».

El hábito de la humildad puede abrirte muchas puertas, te volverá una persona más atractiva, más humana y mejor. Anteriormente mencioné la importancia de ser una persona con confianza, el motivo de haberlo dicho es porque he descubierto que las personas humildes son personas que poseen mucha confianza en sí mismas y como consecuencia no necesitan hacer grandes alardes para demostrar lo que son. Si trabajas en esto tendrás la sabiduría suficiente para reconocer el valor de los demás y para aceptar tus propios errores. La humildad te permitirá descubrir cuáles son tus puntos débiles, trabajar sobre ellos y, por ende, volverte un mejor emprendedor.

5. EL HÁBITO DE LA CONCENTRACIÓN

Concentrarse requiere la habilidad de mantener toda tu energía reunida en una actividad al cien por cien hasta que la termines. Concéntrate en hacer las cosas importantes y en hacerlas bien, así estarás fomentando el entusiasmo y la autoestima.

Es importante que comprendas que, para alcanzar las cosas que deseas, no necesitas fórmulas mágicas ni recetas, tan sólo necesitas concentrarte en aquello en lo que eres bueno en vez de insistir en aquello en lo que no lo eres.

4. El hábito de la integridad

La integridad es probablemente el valor más importante que debería identificar a una persona. Ser íntegro no sólo te convierte en una persona exitosa sino que también te convierte en una persona plenamente feliz y próspera. Debes ser honesto en todo lo que hagas.

El núcleo de la integridad es la verdad; la integridad debe ser el estandarte de tu vida y la verdad tu escudo. Di la verdad siempre y en todas las situaciones de tu vida, de esta forma cuidarás tu buen nombre y estarás condenado a ser una persona enormemente feliz.

3. El hábito del carisma

Dale Carnegie lo describe en una frase que me parece fascinante: «Puedes hacer más amigos en dos meses interesándote por los demás que en dos años tratando que los demás se interesen por ti».

Desarrollar el hábito del carisma puede ayudarte increíblemente a mejorar tu trato con todas las personas con las que te relacionas. El carisma es como un aura mágica que nos rodea pero que no vemos. Es la razón por la que algunas personas, de manera inexplicable, nos resultan tan simpáticas. Si tienes carisma las personas, de manera natural, querrán estar alrededor tuyo y, por si fuera poco, tu liderazgo se verá enormemente mejorado. Las enseñanzas de Carnegie en su libro *Cómo ganar amigos e influir sobre las personas,* han determinado significativamente la vida de muchísima gente. Estas son sus seis sugerencias magistrales, acompañadas por mis explicaciones:

- **Muestra un interés genuino por los demás.** Todas las personas necesitamos ser escuchadas por los demás, así que cuando muestras un genuino interés en las personas estás inevitablemente provocando que ellas se interesen por ti también.
- **Sonríe.** La sonrisa despierta sonrisas, y, si no me crees, practícalo cuando salgas a la calle. Sonríe cuando veas a alguien y, de forma mágica, verás cómo te responde de la misma manera. Una persona que sonríe es una persona de confianza porque eso significa que está segura de sí misma.

- **Recuerda el nombre de las personas.** No existe nada más mágico para cualquiera que el hecho de que recuerdes su nombre. Cuando recuerdas el nombre de una persona estás demostrándole que es alguien que te importa, y eso es esencial si quieres adquirir el hábito del carisma.

- **Sé un buen oyente.** Por algún motivo tenemos dos orejas y una sola boca. William Gladstone y Benjamin Disraeli fueron dos ministros sobresalientes en la historia de Gran Bretaña. Se cuenta que una joven dama fue a cenar con ellos en diferentes ocasiones y cuando le preguntaron qué impresión le había quedado de ambos hombres ella dijo: «Después de pasar un rato con el señor Gladstone, sentí que era el hombre más inteligente de toda Inglaterra, pero, después de pasar un rato con el señor Disraeli, me sentí como la mujer más inteligente de toda Inglaterra».

- **Habla en términos de los intereses de la otra persona.** No quedaba nadie sentado en el comedor del trabajo, más que una persona que no le caía nada bien a Álex. Era una situación embarazosa, pero Álex era una persona con mucho carisma, así que cogió su bandeja de comida y se sentó con él. Sabía que a Carlos le encantaba un deporte concretamente, así que decidió entablar conversación con él hablando sobre ese tema. A partir de ese día nació una amistad entre ellos.

Encontrar temas comunes de conversación es una de las mejores formas de entablar una buena relación con otras personas.

- **Haz sentirse importantes a los demás y hazlo con sinceridad**. Si quieres sacar lo mejor de los demás, interésate por ellos, hazles preguntas, hazles sentir bien y hazlo con sinceridad. Dejar el protagonismo a un lado te convertirá en una persona con carisma.

2. El hábito de descansar

Un hombre tenía una enfermedad que nadie podía identificar. Fue a ver a un amigo que era médico:

—¿Puedes ayudarme? No sé que tengo, siento un malestar general y me falta mucha energía.

El médico lo interrogó durante unos minutos y le dijo:

—Creo que puedo ayudarte, tengo una receta para ti, pero debes seguirla al pie de la letra. Dime, ¿cuál es tu lugar favorito?

—¿A qué te refieres?

—Cuando eras niño, ¿cuál era tu lugar favorito?

—Bueno, nuestro lugar favorito siempre fue la playa, nos encantaba.

—De acuerdo —le dijo el médico, y escribió en la receta: «Ir a la playa y seguir las prescripciones».

—¿Estás bromeando?

—Espera a ver mi factura y verás que no estoy bromeando. ¡Ah! Y no puedes llevar ningún aparato, ni teléfonos ni revistas, solamente tú y la naturaleza.

Las indicaciones de la receta decían: «Leer las recetas: tomar la primera a las 9, la siguiente a las 12, la tercera a las 15 y la siguiente a las 18».

El hombre llegó a la playa, caminó frente al mar y sacó la primera receta: «Escuchar detenidamente». Poco a poco se fue relajando y empezó a escuchar sus propios pensamientos. Al rato sacó la segunda: «Tratar de retroceder». ¿Qué significaba? ¿Quizás debía pensar en su pasado? Empezó a recordar a su hermano, se puso nostálgico y empezó a rememorar cuando jugaba horas y horas en la playa corriendo y haciendo castillos de arena. Tres horas después estaba ansioso por leer la siguiente nota: «Reexaminar tus motivos». Comenzó a observar un patrón, empezó a descubrir que se había puesto en el centro de su vida, se dio cuenta de que era egocéntrico, incluso sus actividades eran sumamente egoístas porque quería que lo reconocieran. Su vida privada era diferente de la pública, pero internamente siempre había un motivo egoísta. Su malestar era producto de su egoísmo, toda su motivación estaba centrada inadecuadamente, y pasó esas tres horas reorganizando y replanteando su futuro. Cuando dieron las seis había terminado, se había dado cuenta de los nuevos rumbos que quería tomar. Sacó la última prescripción: «Escribe tus problemas en la arena». Cogió una concha y escribió en la arena, pero llegada esa hora la marea empezó a subir y una ola borró sus problemas.

A veces en la búsqueda de nuestros objetivos se nos va la vida y olvidamos las cosas que de verdad nos importan. Por eso el hábito de descansar debe ser parte de tu vida, porque es en esos momentos cuando puedes relajar tu cuerpo y tu mente, reflexionar sobre dónde estás, por dónde has pasado y cómo estás dirigiendo tu vida.

Un día que estaba agobiado y cansado, mi padre me dijo: «Hijo, incluso Dios descansó el séptimo día. Trabaja duro para alcanzar tus objetivos, pero no te olvides de descansar, de tomarte tiempo para ti y los tuyos».

Al final nos pasamos el tiempo intentando tener una vida mejor para nosotros y para nuestras familias, pero es en los momentos de descanso en los que podemos disfrutar de ellos y recargar de energía nuestra alma.

1. El hábito de divertirse

El último y quizás más importante de los hábitos es divertirse. ¿Qué sentido tendría despertarse cada mañana si no disfrutas lo que haces durante el día? Richard Branson es uno de los emprendedores más interesantes que conozco. Las personas a menudo le preguntan cuál es el secreto de su éxito, pero en realidad lo que quieren saber es cómo pueden hacerse millonarios ellos mismos. Todo el mundo quiere ser millonario. Él siempre les contesta lo mismo: «No tengo secreto, no existen reglas a seguir en los negocios, solamente he trabajado duro, y como lo he hecho todos los días, creo que puedo hacer las cosas. Pero, por encima de todo, trato de divertirme».

Aun cuando los días sean estresantes y duros, encuentra un momento para desarrollar el hábito de divertirte y compartir con tus amigos y los tuyos, y, sobre todas las cosas, emprende algo sólo en aquellos asuntos que te hagan vibrar de diversión por dentro.

Diario personal

Tu peor enemigo

«Un día sin reír es un día perdido».
Charles Chaplin

¿De qué sirve alcanzar todos tus sueños en la vida si pierdes tu salud en el camino? Debes proponerte vivir por lo menos 80 años, después fijarte en tus hábitos de salud actuales y preguntarte si tus hábitos de hoy te están llevando a vivir una vida saludable.

Actualmente la enfermedad de moda es el estrés aunque en realidad no es una enfermedad, es una respuesta natural de defensa del cuerpo, pero cuando esta respuesta se da en exceso se produce una sobrecarga de tensión que repercute en el organismo y provoca la aparición de enfermedades y anomalías patológicas que impiden el normal desarrollo y funcionamiento del cuerpo humano. Es cuando te empiezas a encontrar de mal humor, se te olvidan las cosas, te sientes cansado, irritado, débil y frustrado. Estos síntomas son tu peor enemigo, porque si no sabes controlar tu salud entonces las enfermedades controlarán tu cuerpo, tu mente y tu energía.

En el capítulo «El *top ten* de los hábitos» mencioné cómo éstos nos ayudan a alcanzar nuestros objetivos, pero si bien es importante conquistar tus sueños y metas también lo es cuidar tu salud.

RÍE CUANDO PUEDAS

No te tomes tan en serio las cosas, al fin y al cabo lo importante es divertirse. Cuando dedicas parte de tu tiempo a divertirte te estás protegiendo de una sobrecarga de estrés. Arnold Glasgow declaró una gran verdad: la risa es un tranquilizante sin efectos secundarios.

El estrés al que constantemente se someten los emprendedores es muy fuerte, más aún cuando se empieza un nuevo proyecto. Cuando comencé a trabajar en el plan de empresa de Niños Emprendedores estuve sometido a mucho estrés, tenía que compaginar la universidad con constantes reuniones, clientes potenciales, proveedores, diseñadores, profesores, y mis compañeros de universidad que se quejaban de mi ausencia en los trabajos de grupo. En vez de disfrutar, sufría porque mi cuerpo no podía cargar con tantas responsabilidades.

En palabras del divulgador científico Javier Mateos: «Cuando alguien no se ríe, no es una persona de fiar, y todo se debe a una cuestión de autocontrol porque está más preocupado en controlarse que en dejarse llevar. Esto lo hacen porque intentan mantener una imagen o no están siendo sinceros, por lo que quizás no son de confianza. Hay gente a la que le aterra perder el control».

La sonrisa puede abrirte muchas puertas puesto que a nadie le gusta estar con personas serias y aburridas, además una buena sonrisa sincera en un emprendedor demuestra que es alguien que disfruta tremendamente de lo que hace y sus futuros clientes probablemente también lo hagan.

Ríe siempre que puedas, cuando los problemas te den motivos para llorar, demuéstrales que también hay miles de motivos por los que sonreír.

No PAIN, NO GAIN

No pain, no gain es una expresión popular que se usa en el mundo del deporte y que significa «si no duele no sirve». A todo el mundo le cuesta dedicar tiempo al deporte, no es fácil adquirir una disciplina de entrenamiento muscular, pero vaya que vale la pena.

¿Has experimentado esa sensación de vitalidad y alegría que se siente después de practicar algún deporte? Esa sensación tiene una explicación científica: se le suele atribuir a las endorfinas.

La palabra «endorfina» proviene de los vocablos «endógeno», que significa producido por el propio organismo, y «morfina», un opioide que actúa sobre los receptores que causan analgesia. Por lo tanto, las endorfinas son hormonas que se producen por el propio cuerpo y que tienen efectos similares a la morfina. Cuando el organismo libera esta hormona, la persona tiene sensaciones de placer y bienestar, lo que ha llevado a las endorfinas a ser conocidas también como las hormonas de la felicidad. Se producen cuando ríes, amas, comes chocolate, pero sobre todo cuando ejercitas tu cuerpo.

Para estar en óptimas condiciones para hacer negocios, llevar a cabo largas reuniones y tratar con gente desagradable, será necesario que tu cuerpo esté contento. Es absolutamente necesario que ejercites tu cuerpo por lo menos cuatro veces a la semana. Una buena manera de empezar a ejercitar tu cuerpo es buscando un compañero con el que puedas tener una motivación recíproca para ir al gimnasio o practicar cualquier deporte.

EL COMBUSTIBLE

Si tu coche usa diésel no puedes echarle gasolina, porque de lo contrario estropearías su motor. De la misma manera a un coche con capacidad de 4 toneladas no puedes ponerle 10. Nuestro cuerpo funciona de la misma manera que los coches, necesita el combustible de la alimentación, de donde obtenemos los nutrientes.

Existen seis diferentes tipos de nutrientes (proteínas, hidratos de carbono, grasas, vitaminas, minerales, fibra). Según la nutrióloga Ágata Roquette, todos son esenciales porque desempeñan funciones en nuestro organismo: energética (proteínas, hidratos de carbono y grasas), plástica (proteínas y minerales) y de regulación y protección (vitaminas, minerales, fibra y agua). El hombre primitivo encontraba en la naturaleza todo lo que necesitaba, sin consultar a un especialista ni leer libros sobre nutrición, pero hoy se tiene que aprender porque ya no vamos a la naturaleza en busca de lo que necesitamos. Vamos al supermercado, que está lleno de alimentos que no dan una respuesta adecuada a nuestras necesidades.

La obesidad es vista por muchos como un problema estético más que un problema de salud, pero lo cierto es que cada kilo de más cuenta y afecta a nuestro organismo. La mala alimentación puede provocar diabetes, colesterol alto y triglicéridos, ataques cardiacos, enfermedades del corazón y, lo peor de todo, disminuye la esperanza de vida. Por no mencionar que también provoca depresión.

Los emprendedores por lo general son personas con poco tiempo disponible. Es tan poco el tiempo del que se dispone que se tiende a consumir comida rápida de manera excesiva, cosa que repercute de manera negativa en el cuerpo. Esto se debe en gran parte a una mala administración del tiempo, lo cierto es que hay cosas que están por encima de tus proyectos empresariales y la alimentación es una de ellas. La importancia de alimentarse de manera sana es imprescindible, porque así tu cuerpo se encuentra más fuerte y sano, las ideas fluyen mejor en tu cerebro, tu estado de ánimo mejora, tienes más energía y tu esperanza de vida aumenta. Quizás sea un buen momento para reflexionar sobre tus hábitos alimenticios y buscar ayuda con nutrióloga o libros que ayuden a mejorar tu estilo de vida.

La importancia de dormir

Dormir bien te permite cumplir con las exigencias del día a día. En el emprendimiento de una acción la falta de sueño puede llegar a afectar de diversas maneras. Los ojos y el sentido visual se ven afectados y se vuelven hipersensibles a los estímulos de la luz y a otros factores; nuestra capacidad de lectura se ve afectada como también la de concentración. Aparece el cansancio, la sensación de debilidad, problemas gástricos y falta de energías, lo que afecta al desempeño de las funciones del cuerpo y a las capacidades que se necesitan para crear empresas y proyectos.

Quizás podrías sobrevivir muchos días sin comer, pero no podrías aguantar ni unos cuantos días sin dormir. A veces 24 horas no son suficientes para llevar a cabo todas tus obligaciones, por ese motivo debes volverte un buen planificador. Planifica tu día de tal manera que puedas dedicarle tiempo a las cosas importantes y establece un horario de descanso. Por lo general se pierde mucho tiempo en asuntos urgentes no planificados, pero si dedicas cada día el tiempo necesario a los asuntos importantes no tendrás que enfrentarte a urgencias de última hora que te quiten tiempo. Plantéate este objetivo en tu vida: dormir durante 6 u 8 horas como mínimo, desarrolla este hábito y muy pronto verás cómo te vuelves más sagaz en todos tus proyectos.

Vive plenamente

Si la salud es tan importante como conseguir ese negocio tan esperado, ¿por qué restarle importancia? Cuando tengas un control total de tu salud, adquirir cualquier otro buen hábito te resultará ridículo. Requerirá mucho dominio propio, autocontrol y disciplina, pero una vez que consigas un estilo de vida saludable no querrás volver a ser el mismo de antes. Si tu meta financiera es ser libre, tu meta de salud debe ser vivir el mayor tiempo posible para poder disfrutar de un estilo de vida increíble.

Diario personal

Extraordinario

«Hasta el infinito y más allá».
Buzz Ligthyear

No importa tu edad, tu estatura, en qué país naciste, el idioma que hablas, tu fisonomía, si eres tímido, si no sabes hablar en público, si los demás no creen en ti, si eres blanco, negro o amarillo, tan sólo importa lo que tú piensas de ti mismo y tu determinación para ser diferente y dar más de lo que se te exige. Las personas extraordinarias siempre están dispuestas a ir más allá.

Muchas de las grandes celebridades del mundo de los negocios, la música y el cine tuvieron orígenes muy sencillos, pero lo que marcó una diferencia entre su realidad y su destino es que estas personas estuvieron dispuestas a dar un extra en los momentos más difíciles.

Steve Jobs (Apple) fue dado en adopción por su madre biológica y cuando llegó a la universidad tuvo que abandonarla por falta de recursos económicos.

Sir Richard Branson (Virgin) creció en una familia de clase media y su madre era la única sustentadora.

Emilio Estefan (Miami Sound Machine) tuvo que huir con su padre de Cuba durante el régimen de Fidel Castro rumbo a España y tiempo después pudo emigrar a Estados Unidos, donde tuvo que encarar un sinfín de dificultades económicas. Actualmente es un productor y uno de los hombres más ricos e influyentes de Latinoamérica en Estados Unidos.

Daniel Craig, el famoso agente 007, dormía en bancos de la calle porque no tenía dinero mientras se labraba su carrera de actor.

Jim Carrey, antes de convertirse en uno de los mejores comediantes de Hollywood, trabajó en una empresa de limpieza junto a su padre y sus hermanos, pasó parte de su infancia en una pequeña caravana con su familia y en los peores momentos vivieron en una tienda de campaña en un jardín.

Cuando Johnny Depp tenía siete años, su familia era tan pobre que vivieron en un cuarto de motel durante casi un año, hasta que su padre consiguió trabajo.

Lo que distingue a una persona extraordinaria de una ordinaria radica en el «extra». Afrontar las dificultades con una actitud correcta te convierte en ganador. Muchas personas se conforman simplemente con cumplir con sus exigencias pero pocas personas están dispuestas a correr un kilómetro extra. Recuerda que tu capacidad para dar un paso más en los momentos duros te permitirá triunfar en la vida y en los negocios.

UNA HISTORIA EXTRAORDINARIA

Nació en Kosciusko, Misisipi, vivió sus primeros seis años con su abuela en una granja, eran tan pobres que a menudo vestían con ropa hecha con sacos de patatas, motivo por el que sus compañeros de clase se burlaban de ella. Aprendió a leer antes de los tres años, la llamaban la predicadora ya que recitaba muy bien los versículos de la Biblia, sin embargo su abuela le pegaba con un palo cuando no hacía sus deberes o se portaba mal. Los siguientes años de su vida fueron especialmente difíciles: a los seis años de edad se trasladó con su madre a otro barrio, cuando tenía nueve años las cosas tomaron un giro trágico en su vida, fue violada por su primo de 19 años, durante los cinco años siguientes fue violada por un amigo de la familia y después por su tío. A los 13 años escapó de casa y a los 14 años quedó embarazada. En aquella época, la mayoría de los niños no sabían mucho sobre los abusos sexuales, no era algo que se hablara abiertamente y no existía la protección a menores. Ella creía que si hablaba sobre lo que le ocurría, nadie le creería, así que decidió guardar silencio. Después de estos incidentes, su madre la envió a vivir con su padre a Nashville. Su padre era un hombre muy estricto, no le permitía llegar tarde a casa e hizo de su educación una prioridad, le exigía leer un libro cada semana y hacer un resumen sobre lo que había comprendido de él. La estricta disciplina que le infundió su padre resultó ser beneficiosa para ella. Poco a poco las cosas empezaron a mejorar: a los 17 años fue vicepresidenta del consejo estudiantil y fue escogida para visitar la Casa Blanca junto con otros alumnos excelentes y con talentos de liderazgo. A la vuelta de su viaje le ofrecieron representar a una radio para el concurso Miss Fire Prevention (Miss Prevención de riesgos). Nunca se había visto como una chica guapa, sabía que no tenía posibilidades de ganar ya que ninguna chica de color había ganado nunca ese concurso, pero pensó que sería divertido. Cuando los jueces les preguntaron qué harían si tuvieran un millón de dólares, una contestó que comprarle un tractor a su padre, otra, orgullosamente, dijo que le compraría una moto a su hermano y una nevera nueva a su madre. Cuando le tocó su turno dijo: «Si tuviera un millón de dólares, no sé en qué me los gastaría, pero los gastaría locamente, gastaría, gastaría, gastaría». Los jueces se quedaron sorprendidos con su sentido del humor.

Otra pregunta fue: «¿Qué quieres hacer en tu vida?». Las otras chicas contestaron que querían ser enfermeras o profesoras. Ella contestó: «Quiero ser periodista porque creo en la verdad. Estoy interesada en proclamar la verdad al mundo». Los jueces quedaron impresionados con su respuesta por su personalidad ganadora y su inteligencia. Fue coronada como Miss Fire Prevention 1971. Fue la primera chica de color en ganar el premio. Los de la radio quedaron encantados y le ofrecieron un trabajo como locutora de noticias. Apenas tenía 17 años y aún no había terminado la secundaria.

En el año 2003 la revista *Forbes* la mencionó como la primera mujer afroamericana en convertirse en multimillonaria. Su show televisivo es el más popular en Estados Unidos y es una de las mujeres más influyentes del mundo. Gracias a su perseverancia, Oprah Winfrey pudo convertirse en una persona extraordinaria.

Escoge ser extraordinario

Todos tenemos desafíos. Las personas ordinarias tienen desafíos ordinarios, las personas extraordinarias tienen desafíos extraordinarios. Fuiste creado para ser extraordinario. Aún recuerdo cuando no tenía a donde ir, cuando no tenía donde dormir, entonces recordé que mi actitud era una oportunidad para convertirme en una persona extraordinaria.

¿Cómo ha sido tu actitud ante las dificultades? ¿Has dado lo mejor de ti o te has rendido pronto? El tamaño de tu problema es un indicador del tamaño de tu futuro. Vale la pena seguir intentándolo, no renuncies, sigue emprendiendo un proyecto con pasión, no existen atajos, recetas mágicas o secretos. El mejor camino que puedes escoger es el difícil, el que escogen las personas extraordinarias, el que trae recompensas reales. Cuando escoges enfrentar una dificultad con optimismo y carácter estás escogiendo ser una persona extraordinaria.

CUIDA TU NOMBRE

No puedes evitar cometer errores pero sí puedes mantener tu buen nombre. Uno de los proverbios de Salomón dice: «Más vale el buen nombre que el oro y la plata». Tu nombre es tu marca personal, es lo que los demás dicen de ti; cuidar tu nombre te volverá una persona atractiva y de confianza con la que todos querrán hacer negocios.

En mi caso nunca tenía dinero, la universidad no estaba siendo tan *cool* como yo pensaba, mis problemas económicos no se acababan nunca; era muy frustrante no poder comprarme ni siquiera una Coca-Cola. En aquella época vivía en una residencia universitaria y en una ocasión, al volver de Estados Unidos, los directores del centro me impidieron entrar en mi habitación ya que debía dos meses de alquiler. Me disculpé con ellos y les prometí que les pagaría en una semana. Al ser una institución pública creí que lo entenderían pero no aceptaron mis disculpas, me trataron como a un ladrón mentiroso y me echaron. Creo que fue en esa época cuando aprendí que la mayoría de las personas no son amables contigo, sino con tu dinero. Podría haberme ido a vivir a otro sitio y no pagarles, no habría implicado ningún problema. Pero no estaba dispuesto a manchar mi nombre y mi reputación. Durante esa semana tuve que dormir en hostales y en casas de varios amigos, y una semana después volví y pagué mi deuda.

Nunca podré olvidar las palabras de la directora del centro cuando al saldar mi deuda me dijo: «Eres un hombre honesto». Si en tu trabajo o en el sitio donde estudias preguntaran sobre ti, ¿qué dirían, qué referencias darían sobre tu personalidad? ¿Dirían que eres honesto, íntegro, trabajador?

Es sumamente importante que cuides tu nombre. Las personas que quieran tener éxito en sus negocios deben trabajar para construir una buena reputación. Debes convertirte en una persona con la que los demás quieran hacer negocios y a la que puedan recomendar. Creo que la integridad es un imán para el éxito. Las personas extraordinarias cuidan su nombre.

Diario personal

Algo está cambiando

«El futuro tiene muchos nombres. Para los débiles es lo inalcanzable. Para los temerosos, lo desconocido. Para los valientes es la oportunidad».

Victor Hugo

INVENTA EL FUTURO

Los estudiantes universitarios en el pasado tenían que recurrir a imágenes impresas para conocer quiénes eran los novatos que entraban en la universidad. Estas fotografías estaban dispersas a través de los directorios de las instituciones. Algo cambió cuando a alguien se le ocurrió que esas fotografías podrían estar almacenadas en internet, así que esa persona decidió crear una web para los alumnos de su universidad de Harvard, un lugar donde las personas pudieran compartir sus fotos con otros estudiantes. En dos semanas, la web que creó se usaba ya en otras universidades. En poco tiempo estuvo en todas las facultades de Estados Unidos y se volvió tan exitosa que en menos de un año tenía más de un millón de usuarios. Actualmente la compañía tiene más de 500 millones de usuarios. Fue así como Mark Zuckerberg creo la red social Facebook. En una entrevista afirmó lo siguiente: «Facebook no fue creada para ser una compañía; originalmente se construyó para cumplir una misión social: lograr un mundo más abierto y conectado. Siempre nos hemos preocupado más por los servicios que ofrecemos y la gente que los usa».

Fue capaz de mirar hacia el futuro y el futuro le sonrió, empezó sin dinero y con ganas de divertirse. No tenía capital, pero con un ordenador fue capaz de cambiar el mundo.

GRANDES OPORTUNIDADES

Las nuevas generaciones de emprendedores están teniendo grandes oportunidades gracias a los cambios tecnológicos que estamos viviendo. Aun así existen muchos emprendedores que todavía no saben explotar estas oportunidades. Algo está cambiando, pero si no estás dispuesto a cambiar tú correrás el peligro de quedar rezagado a pesar de tus talentos.

Muchas personas cometen el error de pensar que está todo inventado. Cuando escucho frases de este tipo recuerdo la frase de Cicerón que decía: «Los que ignoran la historia están condenados a repetirla». Empresas como Facebook, Twitter o Google tan sólo son el inicio de la revolución digital. Tendemos a pensar que hemos llegado al límite de la inventiva cuando en realidad hemos avanzado poco. Aún falta mucho por hacer, seguiremos viendo jóvenes o incluso niños que se vuelven multimillonarios porque han sabido convertir en oportunidades los cambios que estamos viviendo. Mientras ellos lo hagan, otros estarán quejándose en su sofá de no tener oportunidades. ¿Quieres cambiar el mundo? ¡Ponte a trabajar!

GRACIAS A LA TECNOLOGÍA

Cuando tenía 15 años aprendí a usar Photoshop en una tarde gracias a todos los vídeos tutoriales que puedes encontrar en la web. Haber aprendido a usar este programa me permitió hacer mis primeros negocios y ahorrarme algún dinero. En aquella época no muchos sabían usar este tipo de programas, así que mientras yo hacía mis propios diseños, otros emprendedores contrataban a empresas de diseño gráfico para hacer sus tarjetas de visita, logotipos, trípticos y toda clase de documentos con diseños. Ellos me pagaban por diseños que me llevaban 10 minutos. Mi inversión económica para aprender a usar el programa fue de 0 pesos y como consecuencia pude crear mi primer gran negocio. Gracias a la tecnología.

Conozco a alguien que escribe novelas. Él me explicó que pagó 8 000 euros para traducir una de ellas. La versión corta de este libro fue traducida a 5 idiomas; yo pagué 0 euros. ¿Cómo lo hice? En la universidad conoces a muchas personas de diferentes carreras, en este caso conocí a varios estudiantes de filología. Ellos tienen muchas ganas de hacer cosas, ya que desafortunadamente en estos momentos tienen muy pocas salidas laborales. Hice unas cuantas llamadas proponiéndoles la traducción a cambio de aparecer en los créditos y agradecimientos del libro. Era una oferta muy interesante para ellos porque les permitiría ganar experiencia para su currículum antes de haber terminado la carrera. Ellos ganaban, yo ganaba y mis lectores extranjeros ganaban. Yo estaba en Madrid y ellos estaban a miles de kilómetros en sus países. Todas las reuniones las llevábamos a cabo por las redes sociales y por videollamada. Nunca invertí un céntimo para traducir el libro, los resultados fueron muy buenos y todos quedamos muy satisfechos. Todo esto fue posible gracias a los cambios que nos ofrece la tecnología.

Hay muchas oportunidades ahí afuera y la mayoría de ellas no requieren mucho dinero. Deja de pensar que necesitas el dinero para hacer cosas, necesitas ganas de hacerlas.

¿Difíciles?

Jamás ha sido tan fácil emprender una idea como lo es hoy en día. En ocasiones me han preguntado en entrevistas qué consejos les daría a los emprendedores en estos tiempos difíciles. «¿Difíciles?», pienso para mis adentros. Creo que nunca ha habido tiempos tan fáciles para emprender algo como hoy en día. Cuando mis padres eran jóvenes, si alguien quería crear una empresa, tenía que invertir muchas horas estudiando y buscando información sobre cada aspecto de la empresa. Actualmente yo hago lo mismo pero tengo a un clic toda la información que necesito saber. Si no sabes cómo crear un plan de empresa, escribe en tu buscador «plan de empresa». No encuentras financiación, escribe en tu buscador «inversores». ¿Dónde está lo difícil? En realidad la tecnología nos permite convertir el arte de iniciar una empresa en algo muy sencillo, incluso desde tu sofá.

Diario personal

Equipos de ensueño

«Yo hago lo que usted no puede, y usted hace
lo que yo no puedo. Juntos podemos hacer
grandes cosas».
Madre Teresa de Calcuta

Cada año, durante las fiestas de los pueblos de Cataluña, se alzan los *castells* (castillos humanos). Un *castell* es una torre humana de varios pisos de altura en el que intervienen numerosos grupos de hombres y mujeres *(castellers)* de todas las edades y complexiones físicas que se entrenan durante todo un año para los concursos y actuaciones que se llevan a cabo en estas épocas. En los *castells* colaboran amigos, familiares, aficionados y espectadores espontáneos que se unen para disfrutar del evento. Es así como, uno a uno, van colocándose unidos construyendo un castillo humano hasta que alguien llega a la cima. Es un espectáculo que incluso ha sido declarado Patrimonio Cultural Inmaterial de la Humanidad por la Unesco.

Los *castells* son mi referente para trabajar en equipo. Las personas que los conforman tienen un lema que es: «Fuerza, equilibrio, valor y sentido común», características que todo emprendedor debe encarar en la construcción de su organización. Caracteristicas que tú también puedes adoptar.

- **Fuerza:** La *pinya* es la base de la construcción de los *castells.* Están formadas en su mayoría por personas fuertes y corpulentas, capaces de brindar a la estructura sólidos cimientos. Es necesario tener mucha fuerza interior cuando se crea una empresa, especialmente en los primeros años, ya que si no posees la fuerza necesaria para aguantar en los momentos más difíciles no podrás inspirar a los demás miembros de tu organización. Empezar una empresa es como subir una cuesta arriba, los momentos difíciles llegan cuando menos te lo esperas. La clave para conseguir esa fuerza interior consiste en enfocar tus ojos hacia la meta.
- **Equilibrio:** El equilibrio es indispensable para construir un *castell*. No importa cuánta fuerza o valor se tenga, sin equilibrio simplemente sería imposible edificar uno. El equilibrio en las empresas proviene de la confianza en los demás, de la misma manera que los *castellers* depositan su confianza en los otros,

dejándose aguantar a tanta altura. Es muy importante que construyas tu organización con personas más inteligentes que tú, personas en las que puedas confiar plenamente. Cuando consigues esa armonía todo se vuelve más fácil, puesto que consigues que todos trabajen equilibradamente hacia un mismo objetivo.

- **Valor:** Es una característica muy importante para todos los que participan en un *castell,* especialmente para los que suben a lo más alto, pero también para los que aguantan la construcción desde lo más bajo. Es el valor lo que nos permite expandir nuestra visión y alcanzar nuevos niveles, es el combustible que nos impulsa a ser mejores. Creo que el valor se consigue pensando en los grandes beneficios que se pueden obtener en vez de pensar en los riesgos que puede conllevar.

Recuerdo que había una chica que me gustaba tanto que no me atrevía a decirle lo que sentía por ella, hasta que un amigo me dijo: «El "no" ya lo tienes, si no le dices lo que piensas vivirás toda tu vida con la incertidumbre de qué hubiera pasado». Entonces asumí mis riesgos y afortunadamente esta chica sentía lo mismo por mí.

Cuando decidí escribir este libro pensé: «¿Y si sale mal? ¿Y si no gusta? ¿Y si se burlan de mí?». Mis pensamientos estaban enfocándose hacia el fracaso, así que sustituí esas preguntas por: «¿Y si sale bien? ¿Y si gusta? ¿Y si la gente habla bien del libro?». Pensar en los beneficios de hacer algo te proporciona el valor que necesitas para seguir hacia adelante.

- **Sentido común:** El sentido común de los *castellers* les indica que el objetivo es construir el castillo hasta que se llega a la cima. Suelo decirles lo siguiente a mis amigos: «Para ser empresario, tan sólo se requiere ser un poco inteligente y tener mucho sentido común». Creo que lo contrario del sentido común es complicar lo que es fácil. Trabajar con personas con sentido común me llena de satisfacción porque sé que puedo confiar en ellos, ya que tienen claro cuál es su objetivo y me siento tranquilo porque sé que todos estamos trabajando en una misma misión.

Si quieres llegar a la cima

Los *castellers* siempre me han inspirado. Se puede aprender mucho de ellos, como hemos visto ya con estas cuatro características, pero hay una en particular que me resulta muy curiosa: en los castillos intervienen muchas personas, pero solamente una llega a la cima. En la vida y en los negocios sucede lo mismo, para triunfar es necesario estar rodeado de personas que te impulsen a llegar a lo más alto.

Si quieres llegar a la cima debes rodearte de personas capaces, de personas que quieran volar alto. Sin un buen equipo de trabajo a tus espaldas probablemente nunca llegues muy lejos. Si estás construyendo tu empresa no importa cuán talentoso seas, necesitas formar un equipo de personas altamente eficientes. Estoy seguro de que el éxito de las grandes empresas se debe a la capacidad que tuvieron sus líderes de reclutar buenos equipos de trabajo.

Steve Jobs, en una entrevista, afirmó: «Tienes que ser un gran cazador de talentos, no importa lo talentoso que seas, necesitas un equipo de gente increíble... Necesitas gente así a tu alrededor». Cuanto más hábil sea tu equipo de trabajo, más rápido llegarás a la cima.

Cuando alguien te necesite

En algunas ocasiones alguien necesitará tu tiempo, tus consejos, tus abrazos, tu dinero, e incluso tu sofá. Tu manera de actuar con los demás determinará lo alto que puedas llegar.

En la universidad tuve un profesor que había escrito un libro y me parecía increíble estudiar la asignatura con un libro escrito por él. En ese momento estaba empezando a escribir este libro, así que decidí pedirle algunos consejos y le envié dos correos electrónicos. Semanas después, al no recibir ninguna respuesta, decidí hablar con él en persona:

—Perdone, soy Joshua Aguilar. Le he escrito un par de correos electrónicos, pero aún no he tenido respuesta. Sólo quería saber si los ha recibido —le pregunté.

—Sí, los he recibido —me contestó fríamente.

—Entonces, ¿estaría dispuesto a echarle un vistazo al borrador de mi libro?

—No, de ninguna manera —me contestó fulminantemente y riéndose de mí.

Suelo ser insistente, pero esta vez sabía que no sólo no quería ayudarme sino que también se estaba burlando de mí. A pesar de que su respuesta me hirió, decidí no hacerle caso y seguir adelante. Cuento esta anécdota porque a pesar de que a todos se nos ha enseñado a ayudar a los demás, no todos lo hacen. Creo fehacientemente en un principio universal que gobierna este mundo, la ley de la siembra y la cosecha. Este principio es muy importante para mí en la vida y en los negocios, porque cuanto más ayudas a otra persona, más ayuda tendrás tú a cambio. En los negocios cuanto más ayudo a alguien, más recompensas tengo después.

Cada persona tiene su propio modelo de trabajo en equipo: para Steve Jobs lo fueron Los Beatles; para mí lo son los *castellers.* Aun así todos coincidimos en lo mismo: necesitas rodearte de personas inteligentes. Si quieres llegar lejos empieza construyendo un buen equipo que te respalde y haga crecer.

Diario personal

Abriendo puertas

«Cada vez que Dios quiera darte un regalo
lo envolverá en un problema».
Norman Vincent Peale

Su madre era una enfermera australiana que debido a su trabajo sabía todos los cuidados que debía tener durante su embarazo y tomó todas las precauciones. No obstante, el bebé tuvo agenesia y nació con el síndrome de tetra-amelia, caracterizado por la carencia de las extremidades. Nació sin brazos ni piernas. Al principio sus padres se sintieron devastados por su estado de discapacidad, pero agradecidos porque al menos el bebé tenía salud.

Durante su edad escolar, él y su familia se mudaron a Melbourne buscando mejores oportunidades. No obstante, el estado de Victoria les prohibió que asistiera a una escuela regular debido a sus discapacidades físicas. Más tarde, las leyes del estado australiano cambiaron, y pronto se convirtió en uno de los primeros estudiantes discapacitados en integrarse en escuelas regulares.

Sufrió acoso escolar debido a su discapacidad, tuvo episodios de depresión durante su infancia y cuando tenía alrededor de ocho años pensó en suicidarse. A los 10 años trató de ahogarse en la bañera, pero no se dejó morir al recordar el amor que le tenían sus padres. Después del instituto consiguió una doble titulación universitaria y a los 19 años empezó a desafiar a las personas contando su historia. Se dio cuenta de que él era único en la clase de retos que tenía que enfrentar y que su vida podría inspirar a otras personas. «Encontré el propósito de mi existencia y también el propósito de mi circunstancia», declaró.

Nick Vujicic ha logrado más de lo que la mayoría de personas con piernas y manos nunca ha logrado. Fundó la organización Life Without Limbs y ha viajado por todo el mundo compartiendo su historia con millones de personas. Ha inspirado a miles de estudiantes, profesores, jóvenes y empresarios, además de haber sido entrevistado en varios programas de televisión de todo el mundo.

«Si Dios puede usar a un hombre sin brazos y piernas para ser sus manos y pies, entonces Él puede usar a cualquier corazón», dispuso. Una gran puerta se cerró para Nick desde que nació pero miles de puertas más se abrieron para que fuera inspiración para millones de personas.

SÉ IMPARABLE

Una de las cualidades que te hará triunfar en la vida y en los negocios es convertirte en una persona imparable. Que nadie pueda detenerte. Debes ser concienzudo y luchar por lo que crees, empujar y empujar aunque todo parezca cuesta arriba. Michael Jordan es considerado uno de los mejores atletas de la historia, para él fracasar no era un opción. Se dice que era el primero en llegar a los gimnasios de entrenamiento y el último en irse. Cuando aún era joven lo rechazaron en el equipo en el que quería jugar, pero lejos de detenerse siguió entrenando. Todos los días practicaba miles de tiros para mejorar y, aun cuando ya era una estrella y su carrera estaba en auge, cuando veía que no estaba siendo lo mejor que podía ser cerraba los ojos y recordaba de dónde había salido, y salía a jugar con una garra que nadie más tenía, era imparable.

UNA PUERTA SE ABRE Y SI NO…

Se te cerrarán muchas puertas antes de poder llegar a ver tu sueños cumplidos, pero he descubierto que en los negocios cuando una puerta se cierra otra se abre, y si no se abre otra puerta se abre una ventana. La clave está en seguir abriendo puertas hasta que abras la indicada.

Tengo un amigo que durante el verano volvió a su país para visitar a su familia y después, al volver a España, estando aún en el metro, le robaron el equipaje, donde llevaba los documentos personales, su identificación, el pasaporte y la cartera con seis mil euros dentro. La pasó muy mal después de ese incidente, así que viajó conmigo de vuelta a Madrid para poder ir a su embajada a arreglar los papeles. Estaba enfurecido y deprimido, pero no todo había acabado para él. Haciendo cola dentro de la embajada empezó a hablar con la persona que estaba delante de él, entabló amistad con ella y le comento por qué estaba ahí. Mantuvieron el contacto semanas después. Resultó que la persona que hacía cola delante de él era el dueño de uno de los restaurantes más famosos de comida rápida de Europa. Un par de meses después le ofreció a mi amigo el trabajo de supervisar todas las tiendas que tiene alrededor del mundo, cada semana debería viajar a un país diferente y tendría derecho a muchos lujos que sólo los grandes ejecutivos pueden permitirse; y por si fuera poco, le permitió que siguiera estudiando su carrera universitaria, sólo trabajaría media jornada. A eso es a lo que llamo una gran puerta. Haber perdido todo lo que tenía fue la puerta que lo llevó a algo mejor.

Quizás hayas pasado por grandes problemas, pero déjame decirte que no puedes renunciar, debes tener fe en que algo mejor llegará. A veces las dificultades nos cambian al carril correcto. No importa cuán grande es tu problema, importa cuán grande es tu carácter.

Escoge todos los días

Todos los días, levántate y escoge quién quieres ser. Dibuja cómo quieres que sea tu día como si tuvieras un lienzo delante de ti. Solamente tú puedes decidir cómo vas a vivir tu vida. Solamente tú puedes decidir cómo actuarás frente a las adversidades, solamente tú puedes escoger ser rico o pobre, exitoso o mediocre. Decide cada día ser mejor. La decisión es tuya. ¿Quién quieres ser?

Palabras de fe

Cuando las puertas se cierran en nuestras narices es normal hablar con desánimo, reproche o negatividad, sin embargo hablar con palabras positivas requiere la misma energía que hablar con palabras negativas. Debes aprender a tener fe en medio de la adversidad. Recuerda que las adversidades son temporales, pero tus palabras se quedarán dentro de ti para siempre. Los pensamientos negativos siempre vendrán pero puedes reemplazarlos con pensamientos positivos sobre ti. No se trata de engañarte a ti mismo, se trata de declarar cosas buenas y mejores para tu futuro.

VUELVE A EMPEZAR

A menudo me escriben personas que, aunque no han dejado de soñar, están cansadas de seguir intentándolo porque todo lo que emprenden les sale mal. Siempre les digo lo mismo: «Vuelve a empezar», es la única forma que conozco de seguir hacia delante.

Un hombre intentó abrir cinco veces una compañía de automóviles y en todas fracasó, sin embargo en el sexto intento tuvo éxito. Henry Ford.

Otro hombre fue despedido de un periódico y la causa del despido fue que le faltaba imaginación y no tenía buenas ideas. Walt Disney.

Akio Morita dijo: «Yo nací para inventar» y creó una olla para cocer arroz. Fracasó una y otra vez en su vida, pero aun así continuó hasta crear la compañía Sony.

No habló hasta que cumplió siete años. Los psicólogos le dijeron que tenía un problema. Además fue expulsado de la escuela militar de Zurich. Albert Einstein.

Quería ser actor pero los ejecutivos de Hollywood le dijeron que no tenía lo que se necesitaba. Se presentó a todos los *castings* que pudo hasta triunfar. Harrison Ford.

Le cerraron las puertas diciéndole que no tenía talento; ese día rechazaron a Elvis Presley.

Un joven presentó un plan de empresa en la universidad y lo suspendieron. Después fundó FedEx.

Un día le dijeron que nunca iba a ser nadie. Hoy estás leyendo su libro.

Diario personal

Corre tu carrera

«Hay una mala noticia y una buena. La mala es
que no van a aprobar tus actos, la buena es que
no necesitas que lo hagan».
Marcos Vidal

Muchas veces las personas que te rodean intentarán
que seas lo que ellos quieren que seas y no lo que tú
realmente quieres ser. Es algo que suele suceder con
tu familia y amigos. Pero si realmente quieres llegar
al sitio que siempre has soñado habrás de tener tenacidad y coraje para ver tus sueños cumplidos. Si
estás emprendiendo nuevas ideas, no puedes vivir
preocupado ni inseguro de lo que las personas opinan
de ti y tus actos, no puedes centrarte en lo que otros
opinan porque de esa manera pierdes el enfoque. Debes centrarte en correr tu carrera y en hacer tangibles
tus ideas.

El ruido exterior

No permitas que el ruido exterior te desenfoque de tus metas. Si intentas agradar a todo el mundo nunca lograrás nada y sólo perderás el tiempo; te sentirás manipulado e infeliz. Debes darte cuenta de que no puedes tener a todo el mundo contento, que no puedes ganarte la aprobación de todos; incluso si hicieras lo que ellos quieren, aun así, puede que no tuvieras su aprobación. Tienes que vivir conforme a tus propósitos y no a los de los demás.

Mantén el norte

No puedes fijar tu vista a izquierda ni a derecha, tienes que mantenerte enfocado hacia tus objetivos, debes mantener tu norte. Si la gente no te entiende, qué más da. Si pierdes algunos amigos porque tratan de controlarte, no pasa nada, encontrarás otros mejores. Si las personas empiezan a criticarte, juzgarte o a estar celosas de ti, alégrate, sería peor que no hablaran nada de ti; no permitas que las críticas, las opiniones y la envidia de los demás te cambien. No renuncies a tu autenticidad ni tu razón de ser porque de lo contrario estarás perdido.

A todos nos ha pasado, perdemos demasiado tiempo intentando impresionar a personas a las que no les importamos y olvidamos cuáles son nuestros objetivos. Si quieres tener éxito no puedes perder el norte; cuando te sientas presionado por el ruido exterior recapacita un momento y piensa en tu objetivo, es ahí donde tienes que enfocar tu energía.

TODOS PUEDEN OPINAR

Un emprendedor fracasó en su empresa y se quedó en bancarrota, entonces varias personas fueron a darle su opinión.

Su padre le dijo: «Te lo advertí».

El envidioso le dijo: «Te mereces haber fracasado».

El celoso le dijo: «Lo sabía».

Un anciano le dijo: «Necesitas fracasar para aprender».

Un creyente le dijo: «Sólo créelo y todo mejorará».

Un matemático le dijo: «Déjame que calcule por qué fallaste».

Un inspector de hacienda le dijo: «¿Pagaste tus impuestos?».

Un optimista le dijo: «Las cosas pueden mejorar».

Un pesimista le dijo: «Las cosas pueden empeorar».

Todo el mundo tiene una opinión diferente, pero si pretendes escucharlas todas lo único que conseguirás es volverte loco. Eleanor Roosevelt dijo: «Haz lo que tu corazón sienta que es lo correcto; te criticarán de cualquier forma. Te maldecirán si lo haces y te maldecirán si no lo haces».

¿Cuántos emprendedores no son lo que realmente pueden ser por querer agradar a los demás? Si recibes muchas opiniones negativas sobre lo que quieres hacer, debes ser sabio y sopesar si es que están opinando desde el miedo o estás haciendo las cosas de manera incorrecta, en cualquier caso lo mejor que puedes hacer es hablar con tus mentores.

SÉ UN VISIONARIO PACIENTE

Las críticas negativas duelen más cuando vienen de personas a las que quieres, como tu familia y amigos. Creo que es importante que tengas paciencia porque no todas las personas te dirán cosas con ánimo de desanimarte, algunos sólo intentarán protegerte, o quizás no les agrade la idea de que algún día alcances tus sueños y te olvides de ellos. Si ese es el caso, simplemente hazles saber que tus sueños nunca los separarán de tu amistad. Cuando la gente no crea en ti y opine cosas que te desanimen, no sufras, no te pongas triste, sólo recuerda mirar hacia la meta. Todos pueden opinar pero tú no estás obligado a escucharlos, mantén el enfoque, ¡Corre tu carrera!

SÉ SABIO

Todo el mundo cree tener la razón y realmente la tienen según su experiencia y percepción de las cosas. Pero si te dejas llevar por el ruido de los demás, una cosa es segura, estarás confuso, estarás frustrado, te sentirás miserable, y, sobre todo, no serás feliz. Cuando vengan a decirte cómo debes hacer las cosas tan sólo escucha y piensa: «Gracias, pero no, aprecio tu consejo pero no es para mí».

No importa lo que hagas, no todas las personas van a entenderte. No compartas tus sueños con cualquier persona, no cuentes lo que hay en tu corazón o cuáles son tus objetivos a todo el mundo, porque simplemente no van a comprenderlo. Recuerda la historia de José del capítulo «Sueña en GRANDE». Algunos sueños tendrás que guardarlos en secreto hasta que puedan llegar a verse cumplidos. Lo que sí puedes hacer es rodearte de gente con metas, optimistas, felices, con ganas de vivir, con las que puedas compartir tus sueños; en ellos encontrarás la fuerza que necesitas para correr tu carrera.

LA ENVIDIA

Los envidiosos son como los villanos de las películas, siempre estarán ahí para hacerte la vida imposible. Si deseas ser una persona excelente y exitosa será mejor que aprendas a lidiar con este tipo de personas porque, si no lo haces, pueden desviarte de tus objetivos. Hay un proverbio árabe que dice: «Castiga a los que te envidian haciéndoles bien».

La indiferencia ante este tipo de personas será tu mejor arma, no te preocupes si alguien habla mal de ti, no pierdas tu tiempo tratando de enfrentarte a ellos, porque lo más probable es que salgas perdiendo. Alguien me dijo una vez: «Preocúpate cuando no hablen de ti porque eso significará que no estás haciendo nada».

Dante Gebel, un famoso líder de jóvenes, dijo una vez algo en lo que no podría estar más de acuerdo: «La crítica es el homenaje que la envidia le hace al éxito».

ALGO MÁS

Es probable que en este capítulo haya sido muy insistente en no perder el enfoque, pero creo que es necesario que lo tengas muy presente. Cuando corras tu carrera no habrá vuelta atrás, es por eso por lo que debes prepararte bien. Es probable que en determinados momentos sientas que es muy difícil enfrentarse a tantos obstáculos, pero llegará el gran día en el que llegarás a tu destino, podrás mirar atrás y quizás ni siquiera logres divisar la línea de salida a causa de tantos kilómetros recorridos. Entonces sentirás una enorme satisfacción por no haber renunciado porque son más los que renuncian que los que fracasan.

Diario personal

El poder
de la actitud

«No puedo cambiar la dirección del viento, pero sí
ajustar mis velas para llegar siempre a mi destino».
Jimmy Dean

Sabremos si nuestra actitud está en el carril apropiado
cuando seamos como el modesto hombre de negocios
cuya tienda de ropa estaba amenazada con desapa-
recer. Una cadena nacional de tiendas se había insta-
lado allí y había adquirido todas las propiedades de su
manzana, pero este hombre muy particular se negó
a vender. «Muy bien, entonces construiremos a su alrededor y lo sacaremos del negocio», le dijeron sus
competidores. Llegó el día en que el pequeño comerciante se encontró encerrado, rodeado por departa-
mentos de la multinacional a ambos lados de su pequeño negocio. Los cartelones de sus competidores

anunciaban: «¡Gran inauguración!». Entonces el comerciante puso un cartel a todo lo ancho de su tienda que decía: «Entrada principal».

INCREMENTA TU ACTITUD

Tienes que ser positivo cada día, mantener una buena actitud y esforzarte, porque nadie más lo hará por ti. La forma en la que reaccionas ante las cosas determina el poder de tu actitud; es tu actitud lo que te convierte en un ganador o en un perdedor, así de simple.

Para tener una actitud ganadora es necesario que te centres en tu futuro, recuerda la máquina del tiempo de la que hablamos y la fotografía que hiciste de ahí, porque es esa imagen la que te ayudará a mantener el control y la actitud ganadora en los momentos más duros.

El doctor Norman Vincent Peale, un gran evangelista sobre el poder del pensamiento positivo, decía: «Cada vez que Dios quiera darte un regalo lo envolverá en un problema». Yo creo fehacientemente en este principio. Cada vez que he tenido que subir de nivel he tenido que enfrentarme a una dificultad previamente. No es fácil superarlas, pero pensar en que cada problema es una oportunidad disfrazada es un motivo suficiente para persistir.

La razón por la que muchas empresas fracasan es por su falta de actitud; los tiempos malos inevitablemente llegan pero si tu actitud no es la adecuada te verás en un callejón sin salida.

Si quieres alcanzar tus sueños tendrás que enfrentarte a muchos problemas, pero recuerda que cuanto más grande sea la recompensa venidera más grande será tu problema. Lo maravilloso es que si te centras y piensas en la recompensa, esta llegará. He aprendido algo increíble en la universidad de la vida: los problemas son profesores disfrazados, cuanto más rápido aprendes la lección más rápido subes de nivel.

SÉ POSITIVO

Una mente positiva es indispensable para tener éxito en la vida y en los negocios.

Dos vendedores de bicicletas fueron enviados a una montaña a hacer negocio. El primero, en cuanto llegó, se sintió desanimado al darse cuenta de que nadie en aquella lejana montaña usaba bicicletas. Inmediatamente envió un mail a la empresa diciendo: «Regresaré mañana. Nadie usa bicicletas aquí». El segundo vendedor se emocionó cuando se percató de la situación e inmediatamente envió otro mail a su empresa diciendo: «Por favor, envíenme mil bicicletas. Todo el mundo aquí las necesita».

La mentalidad positiva del segundo vendedor le permitió descubrir la necesidad de aquellas personas y crear su oportunidad. Gracias a ello se convirtió en un hombre exitoso.

Mantén el plan

Una vez escuché en un congreso la ponencia del señor Vicente del Bosque, entrenador de la selección española de fútbol. En su discurso decía: «Éramos el primer equipo de fútbol de la historia que empezaba perdiendo el primer partido de un mundial y terminaba como campeón del mundo. Perdimos nuestro primer partido contra Suiza, fue un golpe duro, pero debíamos seguir el plan, no podíamos permitir que una derrota nos desanimara. Antes de clasificarnos para el mundial habíamos ganado diez partidos seguidos. Para recuperarnos de la derrota y acabar primeros sólo debíamos ganar seis partidos más. Lo logramos, hicimos historia».

Debes mantener la misma actitud con la que comenzaste tu sueño, es indispensable que mantengas el plan, no puedes desviarte de él. Quizás el entrenador de la selección española podría haber cambiado el estilo de juego de sus jugadores, pero sabía que debía ceñirse al plan. En los negocios sucede lo mismo, no puedes perder la concentración porque si lo haces serás como un barco a la deriva que navega sin rumbo.

Pensar en problemas no ejercita la mente, pensar en soluciones sí lo hace. Lo cierto es que todos tenemos problemas, si te pidiera que pensaras en uno lo harías en menos de lo que lees esta palabra. Las personas con una actitud tóxica se enfocan en el problema en vez de en la solución, le dan mil vueltas, lo escrutan de arriba abajo, pero al final sólo consiguen amargarse más. En cambio, el emprendedor piensa: «No pasa nada, se puede solucionar».

Rocky IV es una de mis películas favoritas. En ella el protagonista, Rocky Balboa, se enfrenta con el gigante ruso Ivan Drago. Tiene que entrenar como nunca lo había hecho antes y, para ello, coloca en su habitación una fotografía de su contrincante para verla todos los días. Cuando la observa recuerda lo fuerte que es su adversario, recuerda que ha matado a su mejor amigo en el ring.

Pero algo ocurre cuando, antes de la pelea, rompe en pedazos la fotografía, como haciendo una declaración de victoria, y Rocky consigue ganar el combate. Decide dejar de enfocarse en su problema, decide ganar.

Quizás tu problema sea grande pero tu actitud debe serlo aún más; practica el principio de dirigir tu enfoque a las soluciones y no a los problemas cada vez que te encuentres en uno. En vez de concentrarte en lo malo, concéntrate en la lección que esas dificultades pueden enseñarte.

Tu empresa necesita actitud

Por qué se pierden los clientes:

> 1% Se mueren
> 3% Se mudan
> 5% Consiguen otros amigos
> 9% Por razones competitivas (precio)
> 14% No están satisfechos con el producto
> 68% ¡Por la actitud de indiferencia de algunos empleados!

Lo importante es esto: debes ser un líder capaz de transmitir una actitud positiva a tus empleados y puedes conseguir esto siendo justo y honesto con las personas que trabajan contigo. La actitud con la que trabajan no es más que la forma de exteriorizar sus sentimientos. Si tienes una empresa, te reto a que hagas este ejercicio de humildad: pregunta a tus empleados si sienten que están creciendo en tu empresa, pregúntales cómo se sienten y cómo podrías hacerlos sentirse mejor. Crea una actitud positiva en tus empleados e inevitablemente provocarás que ellos hagan lo mismo con tus clientes. Ya conoces la regla de oro: trata a los demás como te gustaría que te tratasen.

Tú NECESITAS ACTITUD

—Muchos leen libros para encontrar una receta que les haga ricos —me dijo un amigo antes de empezar a escribir este libro.

—Bueno, yo escribiré un libro que aumente su actitud —le contesté.

Se trata de eso, de actitud. No necesitas más para triunfar. Concéntrate todos los días en mantener una actitud positiva, tanto en los días buenos como en los días malos, y poco a poco irás viendo cómo esa actitud interna se exterioriza y mejora tus resultados.

Diario personal

Prepárate para fracasar

«Da igual. Prueba otra vez. Fracasa de nuevo. Fracasa mejor».
Samuel Beckett

Los hermanos Wright sabían que había muchas posibilidades de fracasar antes de poder hacer volar su planeador. Ellos sabían que iban a fallar muchas veces antes de poder volar, por eso buscaron un terreno seguro para practicar sus fracasos. No se arrojaron desde puentes o peñascos, eligieron un terreno llano con buen viento y practicaron el fracaso una y otra vez hasta el día en que por fin volaron. La consecuencia fue que crearon el primer aeroplano y fueron los primeros en volar.

Muchas personas no logran hacer despegar nunca sus sueños porque escogen evitar el fracaso.

Debes dar por sentado que cometerás errores que te harán fracasar en tus intentos de alcanzar el éxito, pero debes entender que cada pequeño fracaso es temporal y es parte de tu proceso hacia el éxito.

Henry Ford dijo en una ocasión: «El fracaso es meramente una oportunidad para empezar de nuevo de un modo más inteligente». Las personas que evitan cometer errores evitan la oportunidad de aprender algo más. Si bien es cierto que tu objetivo no es fracasar, sí lo es tener una actitud de campeón en los momentos duros.

Fracasar no es una opción

Siempre defendí la frase: «Fracasar no es una opción», pero he aprendido que en el mundo de los negocios casi nunca se cumple.

Es casi imposible no fallar antes de llegar a tener éxito. Thomas J. Watson, el gran impulsor de IBM, lo tenía muy claro: «Si quieres tener éxito, duplica tu porcentaje de fracasos». Quizás has fracasado creando una empresa, pero, si aún no te ha ocurrido, lo mejor que puedes hacer es estar preparado. Esto es lo que he aprendido sobre el fracaso en los negocios:

- **Eres afortunado.** Piensa por un momento cuántas personas han tenido la oportunidad de emprender algo, fallar y volver a intentarlo. Si has fracasado siéntete afortunado, porque tienes la posibilidad de convertir lo malo en algo enormemente bueno. Si aprendes la lección de tus errores estarás condenado a vivir una vida con mejor fortuna.

- **No te sientas mal.** Fracasar es parte de tu viaje hacia el éxito. No estés triste, tu espíritu no puede decaer. Probablemente pienses: «Sí, pero no sabes de qué manera he fallado». Sé que es fácil decirlo cuando no te ves en la situación, pero yo ya me he visto en ella y te puedo asegurar que los fracasos son tan sólo el inicio de algo grande y bueno si eres capaz de persistir.

   Meses después de haber lanzado al mercado Niños Emprendedores tuve que ser muy honesto conmigo mismo para darme cuenta de que la empresa estaba infectada con un tumor y la única forma que había de curarla era eliminándolo. Fue así como cancelé todos los proyectos y deudas pendientes. Admitir que mi empresa en ese momento no tenía futuro fue muy duro para mí, pero tenía que escoger entre la sabiduría y la necedad. Ha pasado ya algún tiempo desde ese fracaso y el proyecto de empresa sigue adelante. No he renunciado al sueño de ver esta empresa crecer, la única diferencia es que ese fracaso nos ayudó a mejorar a mi equipo y a mí, ya no somos los mismos de antes.

Muchos emprendedores cometen el error de insistir en empresas o proyectos que no tienen futuro; esto ocurre porque no saben leer los números de la empresa. Puedes tener mucha determinación, pero los números son los números. Tienes que ser ágil para darte cuenta de que algo no está funcionando bien y cambiarlo lo más pronto posible. No permitas nunca, jamás, que un fracaso te haga sentir mal. Debes seguir adelante, porque nada ha terminado, más bien acaba de empezar.

No CULPES A LOS DEMÁS

Si eres de los que al equivocarse lo primero que hace es poner excusas, será necesario que cambies de actitud porque de lo contrario nunca llegarás a ninguna parte. Las personas exitosas no culpan a los demás de sus errores, en vez de eso aprenden las lecciones que el fracaso les enseña. Cuando culpas a otro pierdes la oportunidad de crecer y mejorar. Sé responsable.

Busca nuevos socios

Muchas empresas fracasan porque sus socios no logran ponerse de acuerdo. Cuando estés buscando un socio, no busques a alguien sólo porque te caiga bien, porque sea tu amigo o de la familia. Busca socios que tengan ganas de hacer crecer el negocio tanto como tú. Si eres empresario y te encuentras en una situación complicada con tus socios y sabes que la empresa no está progresando por culpa suya lo mejor que puedes hacer es huir de esa empresa, coger tu parte y empezar de nuevo, de lo contrario corres el peligro de perderlo todo.

Estudia tu fracaso

Cuando mi negocio fracasó estaba furioso, estresado y desanimado. Pero después de superar la rabieta pude empezar a analizar y estudiar cuáles fueron las causas que hicieron que fracasara. Creo que los errores no tienen precio y por lo general suelen ser los mejores maestros.

El *top ten* de fracasados

Si pudiera entregarle un Oscar a los emprendedores con más fracasos, estos serían mis nominados:

1. Steven Spielberg: Lo rechazaron tres veces en la universidad en la que deseaba ingresar, la University of Southern California, de manera que tuvo que buscar otro sitio para estudiar. Acabó dejando los estudios para dedicarse a ser director.

2. Hermanos Wright: Fallaron en innumerables ocasiones antes de hacer volar su planeador, escogieron una colina apartada con dunas para poder practicar sus fallos y mantenerse alejados de los curiosos que pudieran burlarse de sus primeros intentos.

3. Harland David Sanders: El famoso coronel Sanders no conseguía vender la receta de su pollo, los restaurantes lo rechazaron más de mil veces. En una ocasión le dijeron que los americanos jamás comerían pollo frito. Poco después fundó Kentuky Fried Chicken.

4. Abraham Lincoln: Su vida estuvo llena de innumerables tropiezos, pero a pesar de eso solía decir: «El camino era difícil y resbaladizo. Se me resbalaba un pie y sacaba el otro del camino, pero me recuperaba y me decía a mí mismo: "Es un tropezón y no una caída"».

5. Albert Einstein: Su profesor de secundaria le dijo que nunca conseguiría nada en la vida. Años después se convirtió en uno de los científicos más importantes de la historia de la humanidad.

6. Charlie Chaplin: Su padre era alcohólico y su madre estaba internada por serios problemas psiquiátricos.

Él y sus hermanos tuvieron que ser ingresados durante varias semanas en un orfanato y luego asistir a la escuela para huérfanos y niños pobres. Años después afirmó: «Aun cuando estaba en el orfanato y recorría las calles buscando qué comer para vivir, incluso entonces me consideraba el actor más grande del mundo».

7. Soichiro Honda: Toyota no contrató a Soichiro para uno de sus puestos de ingeniería, dejándolo en el paro. Entonces empezó a hacer motos, fundó la compañía Honda y se volvió multimillonario.

8. Steve Jobs: Fue despedido de la empresa que él mismo fundó. Años después volvió a tomar las riendas de Apple y cambió el mundo.

9. Rowland Hussey Macy: Sus empresas fallidas no fueron pocas, incluyendo un Macy's que fue un fracaso en Nueva York. Pero Rowland siguió insistiendo y trabajando duro y acabó convirtiendo Macy's en el centro comercial más grande del mundo.

10. The Beatles: Fueron rechazados por Decca Records, que dijeron que su música nunca triunfaría. No pasó mucho tiempo después de ese rechazo para que llegaran a convertirse en la banda más exitosa comercialmente y aclamada en la historia de la música popular.

¿Te gustaría entrar en el *top ten* de fracasos de tu generación? Pues ya sabes, sigue intentándolo.

Fracasar no es lo mismo que ser un fracasado. Los fracasados son personas que no se levantan del suelo después de caer. No permitas nunca que un tropiezo te aparte de tu visión. Sigue luchando, sigue equivocándote, sigue aprendiendo, sigue adelante, no te rindas.

Diario personal

Momentos críticos

«Cuanto mayor es la dificultad, mayor es la gloria».
Marco Tulio Cicerón

Su niñez estuvo marcada por la ausencia de su padre, que los abandonó a él, a su madre y a su hermano mayor, y por el constante movimiento de un lado a otro del país siguiendo las escasas oportunidades laborales de su madre, hasta que acabaron por establecerse en Maine. Allí estudió sufriendo las constantes burlas de sus compañeros debido a su torpeza, continuas enfermedades y deficiencia visual.

Es en esos años cuando comienza su pasión por escribir. Durante esos años escribió muchas historias, editó un periódico casero en el sótano de su casa e intentó constantemente publicar alguno de sus relatos, pero todas las revistas lo rechazaban cortésmente.

Cuando llegó a la universidad, tuvo que pasar grandes penurias económicas a causa de su pobreza.

El escritor tuvo que aceptar trabajos de media jornada, e incluso trabajar en una lavandería para poder pagar sus estudios. Después de terminarlos, él y su familia tuvieron que enfrentarse con la miseria, pasó por varios trabajos, con salarios muy bajos que apenas le alcanzaban para vivir. Se ayudaba para ello de algunas novelas que lograba publicar, sobre todo en revistas para adultos, aunque nunca llegó a cobrar más de 500 dólares. Su situación económica estaba al borde del desastre. Pero es durante ese periodo cuando escribe una novela sobre una joven con poderes psíquicos. Sin embargo, desalentado por el resultado del manuscrito, decide tirarlo a la basura. Su mujer, por fortuna, rescató el trabajo y lo animó a terminarlo. Después de finalizada la novela, la tituló *Carrie* y la mandó a una compañía editora; al pasar el tiempo se olvidó de ella. Pero, para su sorpresa, recibió una oferta de compra de 2 500 dólares de adelanto y poco tiempo después el valor de *Carrie* con los derechos del manuscrito fueron vendidos y ganó 200 000 dólares. El primer gran triunfo literario había llegado, y no sería el único. Sin embargo, sus problemas aún no habían terminado, ya que algunos años después empezó a consumir alcohol y drogas de manera excesiva, hasta el punto de llegar a convertirse en un adicto. Logró superarlo gracias a la ayuda de su familia y amigos. Años después, mientras se encontraba trabajando en un nuevo proyecto, su vida vuelve a correr peligro al ser atropellado por un coche; fue trasladado en helicóptero al hospital de Maine. Sus heridas —el pulmón colapsado, múltiples fracturas en la pierna derecha, laceración del cuero cabelludo y la cadera fracturada— lo mantuvieron en el centro médico durante casi tres semanas. Pero el resultado de sus desafortunadas experiencias lo impulsó a escribir sobre ellas, dando origen a algunas de sus futuras novelas.

Tras una vida de penurias económicas, Stephen King supo hacer de su talento literario una inalcanzable fuente de ingresos multimillonarios.

Como vasijas

Son esos momentos críticos que duelen tanto los que demuestran de qué estamos hechos. La vida es una sucesión de problemas pequeños y grandes que nunca se terminan. Pero cuanto antes aprendas a tomar el control de las situaciones difíciles, antes te darás cuenta de que puedes ser más feliz. Es curioso pero pareciera ser que los desiertos que atravesamos en la vida son necesarios. Todos hemos pasado por momentos buenos, malos y otros que no quisiéramos volver a recordar jamás, pero todos son parte de tu vida y cada uno de ellos le agrega un ingrediente nuevo a tu vida, un sabor diferente que cambia las cosas.

Me gusta pensar que somos como vasijas en manos de un alfarero y los problemas son los que nos van moldeando y nos permiten sacar lo mejor de nosotros. La vida es una pelea que debes batallar con todas tus fuerzas y los problemas son sólo golpes que te vuelven más fuerte y te enseñan a vencer. Sin problemas lo único que consigues es ser una persona débil. Lo importante es desarrollar un carácter excelente que te permita ser fuerte, pero sólo enfrentando las dificultades con todas tus fuerzas podrás crecer a nivel personal.

CON LA FRENTE EN ALTO

Es importante que no caigas en el error de quejarte o de caer en una depresión cuando los momentos críticos se avecinen, más bien debes pensar que saldrás victorioso y mantenerte con la frente en alto. Perseguir tus sueños es una experiencia muy gratificante que te permite ser feliz, pero también tienes que ser consciente de que habrá momentos en que preferirás no vivir. En esos momentos recuerda estas palabras, recuerda que si estás pasando por esa dificultad es porque también eres capaz de salir de ella. Dale Carnegie escribió hace más de 50 años un método para enfrentar la adversidad que sigue siendo una herramienta poderosa actualmente. Estos son sus pasos acompañados por mis explicaciones:

- **Paso 1:** Define el problema claramente. ¿Cuál es el problema? ¿Cuáles son tus preocupaciones? Escribe la definición de tu problema y asegúrate de escribir sobre uno solo; si tienes más escribe diferentes definiciones para cada uno de tal manera que puedas reflejar en un papel todas tus preocupaciones.

- **Paso 2:** Pregúntate: ¿qué es lo peor que puede pasar en esta situación? Sé honesto contigo mismo, puedes perder tu dinero, tu relación, tus clientes o cualquier cosa que sea importante para ti. Si las cosas se ponen muy mal, ¿qué es lo peor que podría pasarte?

- **Paso 3:** Acepta lo peor que pueda pasar, porque puede ocurrir. Una vez que lo hayas identificado puedes practicar el ejercicio de aceptarlo todo, no importa lo que sea. Es absolutamente importante que dejes de resistirte a lo peor que puede pasar. Así estarás relajado, tu mente estará clara y tu habilidad para lidiar con la situación si llega el caso se incrementará.

- **Paso 4:** Cuando hayas aceptado lo peor que puede pasar, haz un esfuerzo mental para minimizar el problema y batallar contra él. Concéntrate en el futuro, no te preocupes por lo que puede ocurrir, qué ha pasado y quién es el responsable. Piensa solamente una cosa: ¿qué puedo hacer? ¿Cómo puedo minimizar ese problema? Concentra todas tus energías en evitar que pase lo peor.

Las personas exitosas no son personas sin problemas, son personas que han aprendido a lidiar de manera rápida, positiva y efectiva contra ellos. Si aprendes a lidiar con los problemas en vez de tener una actitud depresiva, pronto sabrás cómo anticiparte a ellos, definirlos claramente y enfocarte en la solución.

Sé inteligente, piensa quién más ha pasado por tus mismos problemas y qué hizo para resolverlos. Busca a alguien que haya pasado por lo mismo que tú o documéntate, te sorprenderás de todo lo que se puede aprender de esta manera. Piensa por un momento de qué serviría ver tu sueño cumplido si fuera tan fácil llegar a él. Mantente concentrado en donde quieres estar y no en donde has estado, pon tus ojos en la meta. No importa cuál haya sido tu momento crítico, no te rindas.

Diario personal

Antes de terminar

«Si ayudo a una sola persona a tener esperanza,
no habré vivido en vano».
Martin Luther King

Se acerca el final del libro y no puedo evitar recordar cuando empecé a escribirlo pensando que les podría ser de ayuda a unos cuantos amigos, pero jamás me imaginé que meses después miles de personas lo leerían en sus dispositivos digitales y ahora también en papel.

Ha sido increíble trabajar en este libro durante más de dos años, no ha sido fácil, pero el simple hecho de que hayas llegado hasta aquí es el privilegio más grande que puedes darme. Por lo tanto, muchas gracias.

Pero antes de terminar, me gustaría compartir contigo una serie de puntos de acción que me han sido de gran utilidad en mi vida y creo que también pueden serlo para ti.

¿Hacia dónde se dirige tu vida? Tómate un respiro y eva-lúala como aquel hombre al que su médico mandó a la playa a examinar la suya. Quizás sea el momento de que examines tus motivaciones y te plantees nuevos sueños y metas. Practica este ejercicio constantemen-te. ¿Hacia dónde voy? Si durante varios días la respues-ta a esa pregunta no te gusta vuelve a empezar. Es mejor hacerlo hoy y no cuando sea demasiado tarde. Recuerda, siempre puedes volver a empezar.

SIEMPRE ES MEJOR DAR

Si alguna vez has escuchado sobre la ley de la siembra y cosecha entonces mi consejo personal te será muy familiar. Siempre es mejor dar sin esperar nada a cam-bio, ese gesto tan sencillo puede diferenciar tu vida. En algún momento te darás cuenta de que incluso los lu-jos y las riquezas pueden llegar a aburrir. Sin embargo, la generosidad puede darte lo que nada más puede hacerlo, esa satisfacción interior de saber que puedes mejorar la vida de alguien más.

Me he dado cuenta de que las personas con me-nos éxito en la vida son las que nunca han dado nada, nunca han compartido su tiempo, su dinero, su talento ni sus dones con nadie, por lo tanto nunca han recibido nada. Por otra parte, he observado a otro tipo de personas, que constantemente están dando y compartiendo todo lo que tienen y la prosperidad nunca los ha abandonado. Incluso he conocido gente que, teniendo lo justo para vivir, comparten lo poco que tienen. A estas personas en particular la felicidad nunca las abandona. Proponte ser una persona dispuesta a dar, tanto en la abundancia como en la escasez.

Continúa aprendiendo

Las personas altamente exitosas lo son porque saben que su aprendizaje no termina nunca y constantemente están adquiriendo conocimientos. Conozco a una artista que es realmente buena en su oficio y sus creaciones son maravillosas. Sin embargo, siempre tiene problemas para llegar a fin de mes.

«Aprende a vender. Seguramente si aprendes un poco de marketing y ventas podrías llegar a muchas personas», le digo constantemente. Pero ella no quiere aprender nada sobre ventas. Es una pena, porque su pereza para diversificar su aprendizaje no le permite llegar a más personas.

Cada día debes aprender algo nuevo. Las mejores lecciones no se reciben en el colegio o en la universidad, se aprenden en la universidad de la vida. Aprender nunca había sido tan fácil y barato. Actualmente existen muchos congresos y seminarios para emprendedores que son muy buenos y gratuitos; están ahí, tan sólo tienes que asistir. Otra forma excelente de aprender es leer libros, en ellos puedes aprender sobre los fracasos y aciertos de los grandes. Busca libros de diferentes áreas empresariales (ventas, marketing, autoayuda, estrategia, contabilidad...) y aprende de ellos. Sí, ¡aunque seas artista! Si lo piensas bien todos tenemos algo que necesitamos compartir.

SÉ PERSISTENTE

Una vez alguien me preguntó cómo conseguí mi primera entrevista importante con el periódico *El Mundo*. Yo le contesté: «Simplemente pregunté. Sólo les dije quién era y a dónde quería llegar, eso fue todo».

La mayoría de las personas tienen grandes proyectos e ideas, pero temen preguntar. La verdad es que si tú mismo no estás dispuesto a arriesgarte por tu idea e insistir mil veces, nadie más lo hará. ¡Sé persistente!

ESCRIBE UN PLAN DE EMPRESA

En lo particular detesto los planes de empresa, mi inquietud y creatividad me empujan siempre al campo de batalla, y eso es un tremendo error del que he aprendido bastante. Debes tener un plan de empresa, un *business plan,* un plan de acción o como quieras llamarlo, pero es absolutamente imprescindible que describas sobre el papel cómo vas a llevar a cabo tu idea. Puedes encontrar miles de modelos de plan de empresa en internet, o puedes preguntar en instituciones públicas oficiales de apoyo a los emprendedores. Hoy mismo puedes empezar a realizar un primer boceto de tu plan de empresa; hazlo como un ejercicio y escribe en tu Diario personal unas cuantas líneas sobre cómo harías un plan económico y de marketing. Verás cómo, analizando un poco más, hay cosas que has pasado por alto.

El propósito del plan de empresa es que sea como un mapa o una guía de lo que quieres hacer en el futuro y de las situaciones a las que te puedes tener que enfrentar. Los emprendedores exitosos planifican, los perdedores no.

SÉ AGRADECIDO

Creo que jamás me cansaré de decirlo, sé una persona agradecida en todas las situaciones de tu vida; no sólo te convertirás en una mejor persona sino que también serás una persona más carismática.

Sé auténtico y no te compares

Sé tú mismo siempre. No pretendas ser quien no eres porque a nadie le gustan las imitaciones. Muchas personas cometen el error de compararse con los demás; no lo hagas, no es sano y siempre saldrás perdiendo. Preocúpate de ser tú, de vivir tu vida y de crear tu propio estilo; sólo de esta forma saldrás ganando.

Sé disciplinado

No existen secretos para ser exitoso. La cualidad más importante para tener éxito es la disciplina. Todo el mundo sabe que tiene que levantarse temprano, estudiar más, trabajar duro, cometer errores y establecer metas, pero no todo el mundo tiene la disciplina para hacerlo. Ahí radica la diferencia.

No tengas miedo

«El "no" ya lo tienes», me decía un amigo. ¿Por qué no intentarlo entonces? Es el miedo lo que detiene a la mayoría de las personas. El miedo a equivocarse es quizás el mal más arraigado en el mundo. Muchos creen que el miedo es algo malo, pero yo diría que es una gran fuerza que nos ayuda a movernos hacia adelante.

Todos sentimos miedo, la cuestión es qué haces con ese sentimiento: sigues adelante o te paralizas. Los perdedores evitan el miedo, los ganadores se enfrentan a él constantemente.

ESCOGE SER FELIZ

Creo que muchas personas buscan la felicidad y no la encuentran, no la encuentran porque no se trata de una búsqueda sino de una decisión.

La vida es dura, eso es un hecho, pero eso no significa que no podamos ser felices aun en tiempos difíciles. Cuando decides emprender tus sueños estás decidiendo dedicar todas tu energías a aquella actividad que amas, y por lo tanto eres feliz.

Diario personal

¿Y ahora qué?

Probablemente tu nivel de motivación haya aumentado conforme has ido pasando las páginas, pero no será la motivación la que haga cambios significativos en tu vida, será tu carácter. Te darás cuenta de que al final todo gira en torno a la tenacidad que tengas para cambiar las cosas. Al principio del libro mencioné que leerlo supondría un cambio en tu vida; ese proceso de cambio acaba de empezar y ahora es el momento de exteriorizar lo que llevas dentro.

Es probable que en la búsqueda de tus sueños pierdas algunos amigos, a veces pensarás que te estás volviendo loco, habrá momentos en los que te sentirás desanimado y deprimido, pero será ese dolor el que te volverá más fuerte. Querrás compartir tu visión con todo el mundo, algunos te apoyarán y otros simplemente te tendrán envidia; puede que incluso pierdas dinero y pases noches derramando lágrimas. También es probable que tu familia y amigos te quieran desalentar y, por si eso fuera poco, dudarás de ti mismo cientos de veces, tendrás que adquirir nuevos y difíciles hábitos y te mirarán como a un bicho raro.

Pero al final todo valdrá la pena, alcanzarás tu estrella y todo el esfuerzo te parecerá ridículo comparado con la recompensa.

Despedida

Y pensar que todo empezó con un pequeño sueño. No deja de sorprenderme el poder de tener una visión y el poder de centrarse en los objetivos que de verdad importan. Si tuviera que contarte las condiciones en las que empecé a escribir este libro probablemente no me creerías, lo que sí puedo decirte es que lo que tienes en tus manos es la prueba fehaciente de que todo sueño puede convertirse en realidad. Ha sido maravilloso leer las cosas que me escriben desde que publiqué la versión corta de este libro: personas jubiladas que sienten un nuevo despertar, jóvenes que quieren cambiar el mundo e incluso personas enfermas que, en medio de sus dificultades, dedican un poco de su tiempo a escribirme desde la cama de un hospital. ¡Son mi inspiración!

Gracias por tener este libro, gracias por leerlo, gracias por compartirlo, gracias por darme una oportunidad. Uno de mis sueños es ver tu sueño cumplido; puedo decirte que la mejor forma de alcanzar los tuyos es ayudando a los demás. Te invito a que hagamos una cadena de sueños, sólo tienes que ayudar a alguien más a que alcance los suyos. Con simples detalles se consiguen grandes cambios; además, probablemente ayudando a otra persona a realizar sus sueños, también contribuyas a sentar las bases del tuyo. No desperdicies esta increíble oportunidad.

En cuanto a ti, no te canses de persistir, pues la vida recompensa a los que son fieles e íntegros. No te canses de emprender, muy pronto verás tu visión hecha realidad. No te canses de ser bueno, el mundo está lleno de personas insensatas, sin embargo, tú no te canses de hacer el bien. Nuestro tiempo es limitado, aprovecha cada segundo haciendo lo que amas y no lo desperdicies con odios ni resentimientos estúpidos.

Por último, pon el listón alto en tu vida y no dejes de creer en la magia de tus sueños. Ahora que tienes tu *Diario emprendedor* lleno de ilusiones dentro, es tiempo de llevarlo a la práctica, es tiempo de exteriorizarlo. Este es tu momento. ¡Tú puedes!

Con mucho cariño,
Joshua Aguilar.

Agradecimientos

Estoy completamente seguro de que este libro es resultado del apoyo que he recibido de todas esas personas especiales que, por algún motivo, se cruzan en tu vida y hacen que mejore.

Quiero agradecerles a mis padres y a mi hermano, que a pesar de todo nunca han dejado de creer en mí.

Gracias a la familia Serrano por haberme dado tanto amor siempre. Patricia, sin tus innumerables correcciones jamás habría podido escribir nada, gracias por haber estado siempre a mi lado.

Gracias a todo el increíble equipo de Aguilar, especialmente a Pablo por haber confiado en mí al publicar este libro y a Mónica, mi editora.

Gracias a Robert Kiyosaki por haber creído en mí, por respaldar mi libro, y por haber fomentado en mi vida las enseñanzas de *Rich Dad*.

También quiero agradecer a mis mejores amigos, que tanto me han apoyado: Álex Pérez, Sebastián Astorga, Luis Magallanes, Thomas Messerer, Gianluca Camilli, Michael Guillen y Jonathan Kahane.

Por supuesto, mi agradecimiento también tiene que ir para esas personas que, sin darse cuenta, contribuyeron muchísimo en mi vida: Erwin Colindres, Héctor Guerra, Mauricio y Saúl, Juan Villafuerte, Nikki, Nilvia Guerra, Dilcia Linares, Andreu Bosch, Mariona Farran, Alejandro Casado, Almudena del Hierro, Marcos Vidal, José Luis Navajo.

Gracias también a todos los traductores que hicieron posible que la versión corta del libro llegara a otros países: Alessandra Maluorni, Vinyet Bosch, Adriana Bazaga y David Beltrán.

Y gracias a ti también por leer este libro. Te estaré agradecido el resto de mi vida.

¡Gracias!

Comparte y tuitea tus frases favoritas con el hashtag: #DiarioEmprendedor o #JoshuaAguilar

Bibliografía

INTRODUCCIÓN

John C. Maxwell, *A minute with Maxwell: Entrepreneur,*
http://www.youtube.com/watch?v=J-53nIogz9g

John C. Maxwell, *Cómo ganarse a la gente,* Nashville,
Grupo Nelson, 2000, p. 15.

ANTES DE EMPEZAR

Esopo, fábula «El labrador y sus hijos», iAdverti ebook
publishing company, 2013, p. 302.

Eclesiastés 1, 9.

Donald Trump, *Think big,* youtube. http://www.youtube.
com/watch?v=UhDPrlyOF7g

Comienza donde estás

Derek Sivers, *Sigue tu pasión,* Barcelona, Empresa Activa, 2013, p. 27.

Consejos para emprendedores y empresarios

Donald J. Trump y Robert T. Kiyosaki, *El toque de Midas,* Aguilar, 2012.

Nuevos consejos para nuevas generaciones

Robert T. Kiyosaki, *Padre rico, padre pobre,* Aguilar, México, 2013.

1 Reyes 2, 2.

Steve Jobs, *Steve Jobs' 2005 Stanford Commencement Address,* 2005. http://www.youtube.com/watch?v=UF8uR6Z6KLc

Piensa en GRANDE

Esopo, fábula «La zorra y la leona», iAdverti ebook publishing company, 2013, p. 48.

SUEÑA EN **GRANDE**

Génesis 37.

NO TE PREGUNTES

John F. Kennedy, *Inaugural Address,* 1961.
http://www.youtube.com/watch?v=4phB-rRjYQw

NYC Programmer Defends His Plan To Teach A Homeless Guy How To Code After Getting Blasted In The Press Yesterday, *Business Insider.* http://www.
businessinsider.com/programmer-to-teach-homeless-man-to-code-2013-8

DE POBRE A RICO

Discovery Channel, «Entrevista a Magnus Scheving», *Grandes millonarios del mundo.*

EL PODER DE ARRIESGARSE

Walter Isaacson, *Steve Jobs,* Barcelona, Random House Mondadori, 2011, p. 78.

Lo que llevas dentro

Benjamin Bloom, *Developing Talent in Young Groups,* Nueva York, Ballantine Books, 1985.

Malcolm Gladwell, *Fueras de serie. Por qué unas personas tienen éxito y otras no,* Madrid, Taurus, 2009.

Exteriorízalo

Will Smith
http://www.youtube.com/watch?v=ikHyDwyqdRM

Esopo, fábula «La mujer y sus sirvientas», iAdverti ebook publishing company, 2013.

Volando alto

Águila y gallina
http://www.youtube.com/watch?v=DY5eYqBAoMo

Hábitos de campeón

Jack Canfield, Mark Victor Hansen y Les Hewitt, *El poder de mantenerse enfocado,* Florida, HCI Español, 2000, p. 1.

EL *TOP TEN* DE LOS HÁBITOS

Filipenses 2, 3.

George S. Clason, *El hombre más rico de Babilonia,* Barcelona, Obelisco, 2012.

Dale Carnegie, *Cómo ganar amigos e influir sobre las personas,* Barcelona, Elipse, 2009.

John C. Maxwell, *Seamos personas de influencia,* Nashville, Grupo Nelson, 2008.

Steven Covey, *The seven habits of highly effective people,* Covey Leadership Center.
http://www.youtube.com/watch?v=1G4h0CiZYLI

Richard Branson, *Screw It, Let's Do It,* Londres, Virgin Books, 2006.

TU PEOR ENEMIGO

Javier Mateos, «Una persona que no se ríe no es de fiar», *Diario de Burgos,* 11 de noviembre de 2008.

Ágata Roquette, *La dieta de los 21 días,* Madrid, La Esfera de Libros, 2013, p. 24.

Oprah Winfrey, Oprah Winfrey's Official Biography.
http://www.oprah.com.

Proverbios 22, 1.

ABRIENDO PUERTAS

Nick Vujicic, Nick Bio.
http://www.lifewithoutlimbs.org

EL PODER DE LA ACTITUD

John C. Maxwell, *Actitud de Vencedor,* Nashville, Grupo Nelson, 2008, p. 21 y p. 15.

Steven Covey, *The seven habits of highly effective people,* Covey Leadership Center.
http://www.youtube.com/watch?v=1G4h0CiZYLI

PREPÁRATE PARA FRACASAR

Robert T. Kiyosaki, *Retírate joven, retírate rico*, Madrid,
Punto de lectura, 2011, p. 114.

Brian Tracy, *Eight Steps to Problem Solving,* 2008.